すぐ分かるスーパーマーケットチーフの仕事ハンドブック

超市管理者现场工作指南

［日］《食品商业》编辑部 编

柳小花 译

人民东方出版传媒
People's Oriental Publishing & Media
东方出版社
The Oriental Press

图字：01-2017-8411

SUGU WAKARU SUPER MARKET CHIEF NO SHIGOTO HANDBOOK
© THE SHOGYOKAI PUBLISHING CO., LTD. 2016
Originally published in Japan in 2016 by THE SHOGYOKAI PUBLISHING CO., LTD.
Simplified Chinese translation rights arranged through TOHAN CORPORATION, TOKYO, and HANHE
INTERNATIONAL(HK)CO., LTD.

本书中文简体字版权由北京汉和文化传播有限公司代理
中文简体字版专有权属东方出版社

图书在版编目（CIP）数据

超市管理者现场工作指南／日本《食品商业》编辑部 编；柳小花 译. —北京：
东方出版社，2018.2
（服务的细节；062）
ISBN 978-7-5207-0002-3

Ⅰ.①超…　Ⅱ.①日…②柳…　Ⅲ.①超市—商业管理—指南　Ⅳ.①F717.6-62

中国版本图书馆 CIP 数据核字（2017）第 304180 号

服务的细节 062：超市管理者现场工作指南
（FUWU DE XIJIE 062：CHAOSHI GUANLIZHE XIANCHANG GONGZUO ZHINAN）

编　　　者：日本《食品商业》编辑部
译　　　者：柳小花
责任编辑：崔雁行　高琛倩　吕媛媛
出　　版：东方出版社
发　　行：人民东方出版传媒有限公司
地　　址：北京市东城区东四十条 113 号
邮　　编：100007
印　　刷：三河市金泰源印务有限公司
版　　次：2018 年 2 月第 1 版
印　　次：2018 年 2 月第 1 次印刷
开　　本：880 毫米×1230 毫米　1/32
印　　张：9.5
字　　数：197 千字
书　　号：ISBN 978-7-5207-0002-3
定　　价：60.00 元
发行电话：(010) 85924663　85924644　85924641

前　言

超市课长的作用越来越大，其中有三大原因。

第一，竞争环境的变化。

随着超市店铺数量的不断增加、向城市的集中，以及与便利店、药店等的竞争不断激化，竞争已经超越行业壁垒，变得更为激烈。在这种环境中，超市必须不断发挥优势，赢得所在地区顾客的支持。

第二，人工环境的变化。

虽然女性的工作机会增加了，但像其他产业和行业一样，很难确保人才的质量。同时，人才也开始变得多样化。课长必须针对多样化的人才进行培训，在高效经营的同时，提高确保利润的管理能力。

第三，市场的变化。

在少子老龄化的趋势下，到超市购物的顾客阶层及产品需求在一点点地发生变化。同时，也在变得更加专业化。课长必须敏锐觉察这些难以发现的变化，提高专业性，将其反映在强化商品品种和卖场上。

本书以 2001 年出版的《食品商业》临时增刊号《课长的教材》为基础，以课长工作中共通的管理技术为中心，对内容进行了整理与再编辑。

本书若能对超市课长们的工作有所帮助，我们将无比荣幸。

衷心祝愿各位前程似锦。

商业界《食品商业》编辑部

目　录

第 1 章

资深课长的 "全部工作"

　　课长负责整个部门，其工作涉及多个方面。切实地掌握
每一项工作是对课长的基本要求。其中，最重要的是部门的
经营管理。本章以经营管理工作为中心，对课长的工作做了
一些整理。

资深课长 "一天的工作"
(以生鲜部门为中心)

课长的工作是什么？能立刻回答出这个问题的课长有多少呢？

课长的职责是根据总公司的方针，管理店铺运营中的最小单位——部门，并创造销售收入与利润。因此，对人员、物品、金钱的经营管理不可或缺。

课长必须非常熟悉自己负责的工作，正确地控制人员、物品和金钱。若非如此，是很难达成销售额和利润目标的。

我们以生鲜部门为中心，来看一下课长应该承担的工作。

营业前的准备　谨防工作进度落后

营业前的准备决定了当天的商品销售。这句话一点也不夸张。

表 1-1　资深课长的工作（以生鲜部门为中心）

时间段、分类			主要工作
一天的工作	营业前的准备		营业检查
			确认遗留商品的鲜度
			营业前的安排
			确认销售额与售价
			营业时的卖场设置
			卸货与分类
			营业前的工作进度确认
			卖场检查
	白天高峰时段的准备		营业后的工作指示
			课长会议
			各部门早会
			白天高峰时段的工作安排
			订货
	傍晚准备		下午的课长会议
			晚高峰的工作安排
	晚高峰		高峰时段的卖场布置与销售
			特卖
			库房的清洁与维护
			第二天的安排
			事务处理
			夜间安排与工作交接
一周工作			周销售计划的准备
			周销售计划的制订
			管理周报的确认
			POS 数据的确认
			竞争店分析
			工作分配计划的制订与验证
			一周的清洁与维护工作
月度工作			总公司月度计划的确认
			商品品种的确认
			保质期的检查
			业绩管理月报的确认
			盘货
			出勤计划的制订
			出席部门会议
			月度行动计划的制订
年度工作			人才评估与教育时间安排表的制订
			年度行动计划的制订

如果早上上架工作迟缓，会给刚开始营业时光顾的顾客造成困扰，从而错失销售机会。而在老龄化日益加剧的背景下，上午光顾店铺的顾客会不断增加，这进一步加大了营业前准备工作的重要性。总之，起步工作十分重要。

为此，营业前必须完成从营业检查到卖场检查的八项工作。

（1）营业检查

营业前需要确认卖场与库房等是否有异常情况。一旦设施、设备出现异常，要进行应急处理。如果前一天的工作出现了问题，则必须在营业前制订改善对策。

①确认冷柜、冷冻/冷藏库的异常情况

· 确认声音是否异常、外层玻璃是否模糊、商品是否变色、温度是否适宜等。

· 季节交替之际、假期结束之后，需要特别仔细地进行确认。

· 事先了解除霜工作所需的时间。

②确认库房

· 为确保库房工作顺利进行，要确认烹饪器具与备用品是否放在了固定位置上。

· 对于生鲜的 3 个部门与副食品部门的库房，需要确认烹饪器具与备用品的保管环境是否卫生。

· 从安全、卫生的角度考虑，确认工作环境是否存在风险。

③确认前一天工作的问题点

- 确认前一天夜间工作指示书中是否有遗漏。
- 确认夜间换班的员工通告的事项。
- 确认前一天商品的储备情况。
- 检查商品是否按规定收进。

(2) 确认遗留商品的鲜度

对超市而言，鲜度就是生命。每家企业应该都有自己的商品鲜度基准，课长必须知道这些基准的级别（能让顾客满意的鲜度）和保质期等，着重检查生鲜食品中存在变质风险的遗留商品。

①确认卖场遗留商品的鲜度

- 将前一天的打折商品下架并废弃。
- 确认当天继续销售的商品的生产日期，以及变形、变色、异味、解冻等情况（继续销售的商品较多时，应当考虑变更当天的生产数量）。

②确认库房遗留商品的鲜度

- 确认遗留商品的变形、变色、异味、解冻等情况。
- 确认前一天的库存商品的保存情况。
- 确认是否有当天售罄的商品。

(3) 营业前的安排

为使营业前的工作顺利进行，我们需要掌握当天的工作分配情况和需要注意的地方。并且，为了按时完成工作，我们还需要根据工作进度，请求其他部门支援或去帮助其他部门，做出快速且正确的判断。

①确认工作分配情况

· 根据员工的出勤情况，判断是否需要调整工作分配。

· 根据销售额目标与推销情况，判断是否需要调整工作分配。

②确认工作指示书

· 确认是否需要调整前一天制定的工作分配计划与工作量。

③进行卸货准备

· 准备好平板车、手推车、拆包用品。

· 早上先确认被摆进卖场的商品。

（4）确认销售额与售价

如果前一天的销售额较低，则必须制订对策，用当天的销售额来弥补。课长需要有"每天结算"的意识，掌握销售额的预算比与上年同期相比的增长率。另外，售价错误很容易引起索赔问题，所以必须检查收银方面是否有变更遗漏、价格标签是否存在错误等问题。

①确认前一天的销售额

· 确认前一天及前一天之前的累计业绩。

· 确认前一天及前一天之前的累计业绩预算比，和上年同期比。

· 根据销售额的情况，判断是否需要制订对策。

②确认当天售价，看是否有必要进行变更

· 明确需要在电脑系统中进行售价变更的商品。

· 明确需要对售价印刷机进行售价变更的商品。

· 明确需要对价格标签进行售价变更的商品。

· 明确需要对 POP 进行售价变更的商品。

③确认联络簿

· 确认前一天的交接项目。

· 确认是否有索赔、特殊订单等异常事项。

(5) 营业时的卖场设置

营业时的卖场设置是营业前准备工作的关键。而课长的想法就体现在商品销售的安排工作上。由于完全实行价格标签制，课长可以顺利进行商品品种管理、高效上货、向部下传达工作指示等工作。

①进行柜面移除工作

· 根据货架分配表与卖场布置图，决定陈列位置。

· 根据销售计划、销售业绩、当天售价，决定排面数量。

· 增加畅销商品的排面，协调其与普通商品之间的平衡。

· 营业当天，将热销商品放在最显眼的位置。

②张贴价格标签和 POP

· 确保每件商品都贴上了价格标签。

· 价格标签必须和商品一致。

· 价格标签和 POP 必须摆放在固定位置。

(6) 卸货与分类

高效的卸货、分类工作与提高后续工作的效率密切相关。卸货时，要确认到货商品的鲜度与品质是否高于自家公司的基准。除此之外，课长还须掌握分类方法，防止发生重新分类装运等无用的后续工作。

①确认到货的商品

· 确认到货的商品与订购的商品是否一致。

· 确认到货的商品是否有变质或损伤的情况。

· 确认是否有现货与配送商品。

②对到货的商品进行分类

· 边对商品进行分类，边确认鲜度。

· 将商品分为营业前需要上架的商品与暂时不上架的商品。

· 将营业前需要上架的商品分为需要加工与无须加工两类。

· 将暂时不上架的商品分为需要冷藏与无须冷藏两类。

③将商品运送至工作场所

· 边对到货的商品进行分类，边将其运送至工作台附近。

· 按上架顺序堆放商品。

· 堆放商品时，要堆放得便于手推车移动。

(7) 营业前的工作进度确认

课长要及时核查工作进度，判断是否需要追加或取消工作，以确保营业前完成卖场的布置。课长还要养成习惯，准确掌握工作进度，了解完成各项工作的有效方法、正确的卫生管理及劳动安全等知识。

①确认工作进度

·每天在同一时间确认工作进度是否落后。如"8点时是否已完成鱼块柜台的设置"等。

②明确进度落后的工作

·具体掌握进度落后的工作的情况。

③对优先进行的工作做出指示

·对于进度落后的工作，判断是否需要增加工作人员，或者暂停工作。

·暂停工作时，须再次对工作的先后顺序做出指示。

④确认工作方法与顺序

·确认原材料、托盘、备用品是否放在正确的位置。

·确认菜刀、封口机、标价机等情况是否良好。

·确认手推车的分配是否合理。

·确认托盘与商品朝向是否颠倒。

·确认每件商品的质量与生产时间是否达标。

·确认卫生管理与劳动安全状况是否正常。

(8) **卖场检查**

营业前确认卖场的状态，并根据需求迅速进行调整。此外，要回顾营业前的工作是否顺利。如果发现问题，则须对工作分配、工作指示，以及营业时的商品品种、陈列量等进行调整。

①**确认陈列情况**

· 确认商品品种与陈列量是否达到营业时的基准。

· 确认货架的最下层和倒数第二层的商品陈列是否及时。

· 确认卖场是否如指示般完成了设置（数量、先后顺序）。

②**确认卖场清洁情况**

· 确认陈列货架与柜台玻璃是否清洁完毕。

· 确认纸箱与手推车的后续整理工作是否完成。

· 确认货架前的地板是否清扫完毕。

③**确认价格标签与 POP**

· 确认是否所有商品都贴上了价格标签。

· 确认价格标签是否贴在了规定的位置。

· 确认价格标签是否出现了破损或污损。

· 确认 POP 是否清晰易懂。

白天高峰时段的准备 在会议上确认方针

营业后，课长须通过课长会议或负责部门的早会，将当天的营业方针传达给所有员工，提高全体员工的士气，并确认所负责部门的工作安排。在店内销售规划（MD）与人员不足的调整等方面，可以与其他部门协作。此外，课长还要做好应对白天高峰时段的准备工作。为了防止发生高峰时段的机会损失，课长要关注商品的动向，决定工作的先后顺序。

（9）营业后的工作指示

营业前的工作结束后，须进行工作的后续整理，并将工作重心转移到应对白天高峰时段上。课长需要注意营业期间的商品动向，决定工作的先后顺序，并安排符合当天人员配置的合适的工作量。

①指示进行库房的整理、整顿

· 营业前的工作完成后，优先进行工作的后续整理。

· 将纸箱与包装材料移至垃圾丢弃处。

②指示进行营业期间的商品生产

· 针对白天高峰时段，选定商品种类，决定生产数量与作业的先后顺序。

· 决定预制商品的生产量与作业的先后顺序。

③指示进行现货的处理

· 根据进货量与售价决定销售方法，如散称、盒装、分割销售等。

· 决定作业量和作业的先后顺序。

④指示进行废弃处理

· 明确前一天残留下来的商品中应该废弃的部分。

· 确认每样单品的数量和金额后，进行废弃处理。

(10) 课长会议

要在课长会议上共享当天的营业信息，并确认部门间的人员调整等情况。此外，课长还须报告所负责部门的畅销商品，将必要事项告知部门的每一位员工。

①理解总公司的指示

· 理解总公司的指示，明白什么时候该做什么事情。

· 确认是否需要向总公司进行报告。

· 确认是否需要向所负责部门的员工进行说明。

②报告所负责部门的课题与异常事项

· 报告应与其他部门共享的课题、异常事项。

③报告当天的畅销商品

· 报告商品、目标金额/数量、陈列位置、销售方法等。

· 在必要时，向其他部门申请援助。

· 提示收银员登记价格与捆绑销售等注意事项。

④协调当天的人员配置

· 员工不足时，向其他部门请求支援。

· 员工充裕时，向其他部门提供支援。

(11) 各部门早会

课长会议结束后，进行所负责部门的早会。课长应就本部门与其他部门的畅销商品，向员工传达目标销售数量与金额，以及本部门的安排。此外，针对下午的工作，课长应指示应对问题点的策略，使本部门全员都能了解工作目标。明确、具体地向员工传达目标和指示是这一工作的关键。

①传达指示、通知

·简明扼要地传达指示、通知。

·在此基础上，明确传达应该做什么。

②传达本部门的畅销商品

·传达商品、目标金额/数量、陈列位置、销售方法等。

·传达必要的工作，进行工作分配。

③传达其他部门的畅销商品

·说明与其他部门的关联销售及其他部门的畅销商品，传达本部门的工作安排。

④确认下午的工作

·告知员工营业前发现的问题点和解决对策。

·传达下午的工作目标（到何时为止应该维持什么样的状态、设置怎样的卖场、进行怎样的工作）。

(12) 白天高峰时段的工作安排

对于白天高峰时段，课长要确认商品的动向，指示须优先进行的工作，以免错失商机。此外，在员工离开工作岗位的休息时间，确认员工的时间安排，以应对紧急情况。同时，课长要修改之前的卖场布置，确认休息场所，在休息时间过后，还要检查工作进度与卖场卫生等情况。

①指示须优先进行的工作

·明确不能缺货的商品，指示员工优先进行该商品的相关工作。

·向员工说明优先进行该工作的理由，指示生产数量等。

②休息时的工作交接

·确认员工的休息时间安排。

·预测员工暂时减少的情况，指示以完善卖场布置为中心的工作。

·在交接工作时，让员工相互确认必要事项。

·确认员工的休息场所。

③休息时间过后确认卖场情况

·确认重点商品与畅销商品是否缺货，卖场是否整洁。

·完善卖场布置，确认销售情况。

·根据卖场情况掌握当天畅销的商品和销售量。

（13）订货

充分了解自家公司的订货系统，并灵活运用 POS（Point of Sale，销售终端）与 EOS（Electronic Ordering System，电子订货系统）的信息，预防缺货与库存过剩。

①收集订购商品所需的信息

·确认天气、竞争店、地区活动等外部信息。

·确认最近的销售量、去年的销售量、其他店的销售量等内部信息。

②制订第二天的预案

·确认第二天的销售计划。

·确认第二天的卖场布置。

·计划第二天的销售数量。

③确认库存

·经常进行冷库的整理和整顿。

·为了防止库存遗漏，确定库存的核查顺序与方法。

·根据当前的库存与销售情况，预测打烊时的库存。

④判断订购量

·决定订购量，并输入系统，点击发送。

傍晚准备 安排傍晚前的工作

为了应对顾客人数最多的晚高峰，课长要进行所负责部门的最终调整。在确认了二次开店准备前销售额与预算的进度后，于下午的课长会议上报告销售情况与预测销售额等。并且，明确指示员工应优先进行的工作与生产量，为晚高峰做好准备。

(14) 下午的课长会议

在下午的课长会议上，需要共享晚高峰和打烊前的预测信息。课长需要根据二次开店准备前的销售额，报告为达成预算所进行的安排。如果必须完成的工作量较大，可向其他部门请求援助。

①报告当天的总销售额目标

· 报告负责部门当天的销售额预算。

· 报告达成销售额预算目标的销售方法和陈列量。

· 确认其他部门的销售额预算。

②报告畅销商品的销售情况

· 报告销售目标、目前的销售量及安排情况。

③报告工作进度情况

· 报告工作进度是否落后与是否需要加班。

(15) 晚高峰的工作安排

· 晚间时段的顾客人数最多，晚高峰前的工作准备对提高这一时段的销售额非常重要。根据打烊前的销售预测，明确须优先进行的工作，并针对晚高峰布置好整个卖场。为达成销售额预算目标，还要考虑是否要进行计划之外的安排。

①明确达成销售额预算的生产数量

· 确认畅销商品与重点商品的必要销售量，决定追加的生产数量。

· 判断是否需要对畅销商品进行追加生产。

· 确认与基本计划（通常数量）的差值，判断是否需要变更基本计划。

②指示晚高峰的工作

· 指示员工必须在晚高峰前完成商品的上架。

· 在晚高峰前无法完成工作时，要调整生产数量。

· 为应对晚高峰，可向店长报告需要晚间兼职员工帮忙。

③确认商品品种

· 确认傍晚前应该陈列完毕的商品，核查品种是否齐全。

· 确认陈列量较少的商品是否有库存。

晚高峰　做好推销、交接业务

对课长而言，晚高峰至打烊前是最重要的时间段。由于在此期间必须布置好整个卖场以应对一天中的最高峰，所以课长不仅要进行与毛利直接相关的廉价销售和废弃工作，还要针对次日的营业计划安排好夜间的业务交接。

（16）高峰时段的卖场布置与销售

进入晚高峰时段后，为尽可能提高销售额，必须对卖场进行控制。课长应根据销售计划与当天的商品动向布置卖场，销售预定数量的商品。通过排面的扩大/缩小、陈列位置的改变、推荐销售等方式，让卖场的布局更加合理，更易于顾客了解到畅销商品是这一工作的关键。

①确认当天的销售情况

·根据 POS 数据确认各时间点的热销商品。

·确认畅销商品和重点商品目前的销售量，预测打烊前的销售量。

②扩大、缩小排面

·扩大希望推销的商品（畅销商品、库存较多的商品）的排面。

·扩大当天热销商品和重点商品的排面。

·根据一天的销售预测与当前的库存量，变更难以预测的商品的排面和陈列位置。

③明确商品的最佳陈列量

·确认是否有积压过多的商品。

④完善卖场布置

·确认商品是否易于被发现、被选择、被拿到。

⑤进行推荐销售

·通过店内广播播放畅销商品的推销要点。

·为让顾客更好地了解畅销商品的特点，对商品进行介绍。

（17）特卖

根据库存量与晚高峰的卖场情况判断需要进行降价销售等活动时，要在尝试进行陈列变更和包装变更的基础上，决定是否进行特卖。课长对降价、打折的幅度，时机等进行正确的判断，并在第二天分析其结果。

①变更卖场布置，商品特卖

·通过在货架最下端陈列等方法，提高特卖商品的可视性。

·当希望特卖的商品较多，可能导致顾客犹豫时，可优先对无法保存至第二天的商品进行特卖。

②变更包装

·确认各品种、各 SKU（Stock Keeping Unit，库存量单位）的销售情况。

·对流动较好的品种迅速进行包装变更（一搁置便无法售出）。

③降价销售

·根据剩余数量与品质决定特卖价格，设定降价金额、打折金额。

·库存较多时，可采用限时特卖，积极进行推荐销售。

·次日检查降价后的销售动向，确认打折幅度和时机是否合适。

（18）库房的清洁与维护

在高峰后的清洁与维护工作中，让员工了解库房的正常状态与工作方法十分重要。此外，清洁工作应根据脏乱程度，按天、周、月等周期进行。如果在每天的清洁工作中固定集中清洁的场所，则易于维持清洁状态。

①**指示当天应注意的地方**

·对于每天进行的清洁工作，指示当天要集中清洁的地方。

·对于每天进行的维护工作，指示当天要集中维护的地方。

②**决定开始与结束的时间**

·决定开始与结束的时间，提高清洁与维护的工作水平。

③**维护机器与工具设备**

(19) 第二天的安排

预估第二天开始营业至晚上的工作，为保障工作的顺利进行，课长须在前一天完成促销商品的公示与工作指示等。特别要做好营业前的工作指示，它是上午顺利运营的必要条件。

①**准备第二天的促销商品**

·制作第二天的畅销商品的 POP。

·指示夜间兼职员工撤去当天的 POP，张贴第二天的 POP。

②**制作营业前的工作指示书**

·针对营业期间的商品品种，明确每位员工的工作内容。

·工作指示书中需要明确记载生产数量、先后顺序和结束时间。

③准备平板车、手推车等搬运工具

(20) 事务处理

课长结束一天的工作后，需要对营业和进货的实际成果进行正确且迅速的总结。事务处理包括进货中异常数值的确认、重点商品销售业绩的验证、当天的工作指示书的变更等。

①**确认进货数据**

· 确认是否已指示删除未收货的商品。

· 确认数量、进货单价/金额等数据是否存在异常。

· 关注大额的进货商品。

②**确认销售额与进货额的平衡情况**

· 确认销售额与进货额是否合理。

③**确认重点商品与畅销商品的销售业绩**

· 对于未完成预算且差额较大的商品，确认销售目标是否合理。

④**登记废弃商品**

· 对每件废弃商品进行扫码。

⑤**在工作指示书中记录业绩**

· 排班出现变更时，要变更工作分配。

· 记录销售额预算、畅销商品、当天的活动等。

· 记录当天特别注意安排的事项。

(21) 夜间安排与工作交接

课长在早班时应向夜间兼职员工指示应对第二天卖场的准备等工作。委派给夜间兼职员工的工作应以简单、可重复的工作为主，要用工作指示书等进行明确指示，而非口头指示。此外，为顺利完成第二天遗留工作的交接，还须让夜间兼职员工做工作记录。

①对夜间兼职员工做出工作指示

· 预先决定委派给夜间兼职员工的工作。

· 使用工作指示书指示工作，并让兼职员工在工作完成后进行检查并填写确认栏。

· 预先算出夜间工作的必要工时数，确保不发生工作空档的情况。

②在前一天指示上架工作

· 指示在夜间对不影响鲜度的商品进行上架。

③指示变更卖场布置

· 第二天的畅销商品需要进行陈列变更时，使用卖场陈列图，指示变更工作。

· 预先明确变更卖场布置的工作顺序。

④指示收进工作

· 指示需要收进库房的商品与操作方法。

⑤和夜间店长交接工作

（木村博）

资深课长 "周、月、年的工作"

一周工作 管理营业数值、达成月度预算目标

(1) 周销售计划的准备

为了确立计划，课长要收集制订计划的必要信息，以提高计划的精确度。

①确认商品部的信息

· 确认商品部希望销售的商品。

· 确认商品部对店铺的期待。

· 确认商品部的援助内容。

②确认特价销售、促销的信息

· 确认是否有特价传单与配送商品。

· 确认店铺整体的推销方针。

· 确认能否结合其他部门的特价销售计划进行关联销售。

③确认管理周报的数据

· 确认销售额、毛利预算的达成率，以及与前一年相比

的增长率。

· 确认加价、损失、库存。

④确认 POS 数据

· 确认扩大销售的候补商品。

· 确认需要实行损失对策的商品。

⑤确认 EOS 数据

· 确认按计划进行加价的商品范畴与未按计划进行加价的商品范畴。

⑥确认过去特价销售、推销计划的结果

· 确认去年的特价销售、推销计划受到什么因素的影响。

· 确认最近的特价销售、推销计划受到什么因素的影响。

· 确认重点商品最近的销售额与损失的变化。

· 收集必要信息，制订有效计划。

(2) 周销售计划的制订

课长应以重点商品为中心制订销售目标，达成销售额预算目标。

①制订重点商品的销售计划

· 决定要制订销售计划的商品。

· 明确畅销商品的选定理由。

· 确认当前的销售数量。

· 树立商品的销售数量目标。

· 确认商品目前的销售方法。

· 明确销售方法，以达成目标数量。

②确认特价传单的分配数量

· 确认是否有总公司的配送商品。

· 有配送商品时，讨论是否更改重点商品的销售目标。

③制作卖场陈列图

· 确认销售计划数量。

· 根据希望销售的商品的先后顺序，决定陈列的位置。

(3) 管理周报的确认

确认上一周的营业业绩，明确本周的课题与安排。

①确认销售额

· 以周为单位，确认销售额预算的达成率，以及与前一年相比的增长率。

· 根据各周的变化，确认销售额出现上升、下降、停滞中的哪种倾向。

· 根据全店业绩，确认销售额处于上、中、下的哪个层次。

· 判断是否需要销售计划以外的对策。

②确认毛利、损失、库存

· 确认计划加价与实际加价的差值，以及其原因。

· 根据各周的变化，确认损失出现上升、下降、停滞中的哪种倾向。

· 根据各周的变化，确认库存出现上升、下降、停滞中的哪种倾向。

·判断是否应该就单品进行损失和库房调查。

(4) POS 数据的确认

掌握各类别商品与单品的销售额、损失情况，改善问题点。

①确认各类别商品的销售额、毛利、损失

·查明需要实施扩大销售或采取损失对策的商品类别。

·为了完善商品品种，查明必须进行详细调查的商品类别。

②确认各单品的销售额与损失情况

·查明需要实施扩大销售或采取损失对策的商品。

·确认重点商品是否已大量售出。

·确认是否已锁定畅销商品。

·确认辅助商品中是否有商品出现必要之外的损失。

(5) 竞争店分析

确认本地区受欢迎的商品，及时强化商品品种。

①定期观察竞争店

·定期观察，掌握各周的变化。

·厘清竞争店的强项与弱项。

·明确与竞争店拉开差距的要点。

②确认竞争店的计划

·收集竞争店的计划信息（从传单、兼职员工、合作方等处收集）。

·预测对本店与本部门的影响。

·判断是否需要采取特殊对策。

③确认地区所需商品品种的储备情况

·确认所负责部门没有的商品品种与销售方法（单品、容量、品质、价格）。

(6) 工作分配计划的制订与验证

努力改善工作效率，以周为单位控制工时。

①确认下周的工时计划

·确认销售预算所必需的工时（周一到周日、各时间段）。

·确认预定的出勤工时（周一到周日、各时间段）。

·根据出勤计划表确认出勤人员与休假人员。

·确认上周的工时业绩。

②确认销售计划

·预测重点商品与畅销商品的必需工作量。

③确认工时盈缺情况

·确认周一到周日、各时间段的工时盈缺情况。

④调整工时盈缺

·当发生工时不足时，判断是否采取加班、向其他部门求援等方法来弥补工时。

·当工时盈余时，判断是否采取重新分配工作、进行员工教育、支援其他部门等方法来调整工时。

（7）一周的清洁与维护工作

明确一周的工作安排，维护卫生、安全的环境。

①计划一周的清洁工作

·确认每天未完成的清洁项目。

·决定需要重点进行清洁工作的日子，将其纳入工作分配中。

②计划一周的维护工作

·确认每天未完成的维护项目。

·决定需要重点进行维护工作的日子，将其纳入工作分配中。

月度工作 检查部门方针，修正方向

（1）总公司月度计划的确认

确认总公司的月度方针，努力达成所负责部门的预算目标。

①确认月度商品信息

·确认商品部计划的月度销售商品。

·根据本月的节日和活动，确认计划销售的相关商品。

・确认能与其他部门协作的计划。

・与所负责部门的员工共享信息。

②确认月度重点商品

・确认与上个月不同的商品。

・确认季节商品的上市、旺季、停售时间。

・确认季节商品的到货日期与到货量。

③确认促销信息

・确认特价销售传单及其他降价信息。

(2) 商品品种的确认

确认各个时间段的商品品种基准，明确卖场的问题点。

①确认当月的商品品种基准

・确认商品部的商品品种基准，明确应当下架的商品与增添的商品。

・明确下架候补商品中，自身店铺销售情况良好的商品，判断是否继续将其纳入备货范围。

②确认各个时间段的商品品种基准

・根据自身店铺的销售情况与损失状况，判断是否需要修正商品品种基准。

・根据 POS 数据，确认商品品种基准是否符合自身店铺的需要。

③确定销售状况的确认方法

・定期确认重点商品、打烊时的商品等的销售情况，并在其 POP 与价格标签上做好标记，以便确认工作进度。

④制订商品品种的变更计划

(3) 保质期的检查

熟悉每件单品的保质期，实行定期检查。

①检查销售期限

· 检查已存在的必备商品的销售期限。

· 检查新商品的销售期限。

②制订检查工作的计划

· 将检查工作纳入工作分配中。

(4) 业绩管理月报的确认

根据销售额与毛利的实际成果明确问题点，针对下个月进行改善。

①确认销售额与毛利

· 根据预算比与上年同期比，确认销售额与毛利出现了上升、下降、停滞中的哪种倾向。

· 与其他部门或其他店铺进行比较，确认自身店铺的销售额与毛利的水准。

②确认损失

· 根据预算比与上年同期比，确认损失出现了上升、下降、停滞中的哪种倾向。

· 与其他部门或其他店铺进行比较，确认自身店铺的损失水平。

· 确认降价与废弃的实际情况。

· 查明不明损失的原因。

③确认工时销售额与投入工时

· 根据预算比与上年同期比，确认工时销售额与投入工时出现了上升、下降、停滞中的哪种倾向。

· 与其他部门或其他店铺进行比较，确认自身店铺的工时销售额与投入工时的水平。

④明确调查项目

· 明确无法查明原因的业绩值。

· 明确须详细调查的未解决事项。

· 根据销售额与毛利的实际成果，明确下个月的重点课题。

(5) 盘货

为顺利盘货做准备工作，并依靠正确的操作，迅速得出准确的毛利。

①进行盘货工作的准备

· 明确预制商品与预处理商品，确定数量。

· 为便于统计，整理库房库存。

· 确认每件商品的成本是否正确。

· 下达指示，准备好盘货工作的必需用品。

· 确定盘货的工作人员，制订工作分配方案。

· 关注重点商品的缺货情况。

②**实施盘货工作**

· 检查库房的库存商品数量。

· 检查卖场中陈列的商品数量。

③**确认库存数量与金额**

（6）出勤计划的制订

确定每位员工的出勤日与休假日，制作下个月的出勤计划表。

①**进行事前准备**

· 确认特价销售传单，以及地区的节日和活动。

· 确认正常休息以外是否有员工休假。

②**制作出勤计划表**

· 确认销售额预算。

· 确认出勤换班的模式。

· 确认每个人的出勤日与休息日。

· 确认一天的工时是否有波动。

（7）出席部门会议

确认所负责部门的方针，在获取必要信息的同时，向员工传达必要事项。

①**进行事前准备**

· 确认店铺运营部与商品部发布的资料。

・确认店长对所负责部门的要求。

・确认兼职员工的要求。

・整理业绩管理月报的分析结果（为提升业绩的重点安排、部门运营的重点安排）。

②把握会议内容

・把握店铺运营部与商品部指示的内容。

・把握店铺运营部与商品部提供的信息。

・明确次日应该安排的事项。

・明确应该向店长与部门员工报告的内容。

③向员工传达必要事项

（8）月度行动计划的制订

将年度行动计划落实到每个月，在确认月进度的同时，制订下个月的行动计划。

①确认年度行动计划、目标

・确认年末前要实现的目标。

・确认下个月要实现的目标（月度目标）。

②确认当月的进度

・区分当月能达成的目标与不能达成的目标。

・明确无法达成目标的原因。

③制订下个月的行动计划

・整理下个月的月度目标、解决本月遗留课题的行动项目。

· 吸取本月的经验教训，制订时间安排表（明确何人工作至何时）。

· 制订具体的行动计划，以便他人理解。

年度工作 决定人才培养目标

（1）人才评估与教育时间安排表的制订

掌握每位员工的工作级别，明确每个人的学习目标，同时制订教育时间安排表。

①盘点各员工的技术等级

· 明确各个工作所需的技术等级。

· 评价每位员工的工作技术等级。

②设定每位员工的技术学习目标

· 考虑部门运营与工作分配问题后，明确每位员工需要具备的技术等级。

· 设定每位员工的技术学习目标。

③制订教育时间安排表

· 将每位员工的技术学习目标落实到每个月。

· 在工作分配中安排教育训练的时间。

· 选拔教育负责人与评价负责人。

（2）年度行动计划的制订

确定所运营的部门的年度目标，并将其具体落实到行动计划上。

①确认周边信息

· 确认公司与店长的方针。

· 确认上年度遗留的课题。

· 确认年度预算。

· 确认所负责部门应解决的问题点。

②树立目标

· 明确年末前应达成的目标。

· 设定为达成目标的相关主题。

③制订时间安排表，确定工作日程

· 明确何人工作至何时。

（木村博）

第 **2** 章

从计划到销售的
经营管理

　　课长的首要工作是制订销售计划。与商品部浑然一体的
计划能够实现销售最强化。通过明确销售计划，课长能够进
行正确验证，并改善订购、加工、陈列及销售的流程。

以特价销售为核心的 "生鲜部门"

表2-1 生鲜部门的 "从计划到销售的经营管理"

项目	内容
销售计划	以当天进货、当天售完为原则，兼顾旺季与行情制订计划。掌握传单特价销售商与店内促销的销售额构成比，以此为基础制订销售额与毛利的计划。
订购	根据销售数据，明确 A 级、B 级、C 级的商品，并决定各商品的订购量。将商品分为基本商品、主力商品、补充品种商品，分别管理订购的账单票据。
进货、质检	当尺寸、数量、价格、品质与订购内容不同时，必须进行索赔。质检后需要迅速对商品进行分类。同时也要注意库存的配置。
加工、烹饪	通过预准备、预处理工作，实现工作均衡化。根据成品率进行生产。
陈列	限定项目、扩大 SKU 是确保商品品种的基本方法。端架与开放式货架下层可用于特价销售与店内促销。在不同时间段扩大或缩小排面。
销售	确认二次开店准备前的销售额，如果难以达成预算，可进行计划外的店内促销。定时进行卖场与商品的检查。
库存管理	分别管理生食与非生食商品。必须记录到货日期，彻底落实先入先出制度。库存过剩时，可商讨是否进行店铺间转移。

销售计划 决定特价商品的侧重点

(1) 规划季节性的店内促销活动

总公司决定的部门月度预算与各天预算是生鲜部门销售

计划的基础。但当有计划外的活动时，即使与生鲜部门无关，也可以预测到生鲜部门会出现一定的销量增长，因此必须修正预算。

在销售计划中，要从预算上构建销售额的基础。对于传单特价销售与店内促销，课长需要明确其次数、频率与内容。

生鲜部门的店内促销与食品杂货部门不同，除了年间主要的节日、活动以外，旺季、新产品、季节等吸引顾客的手段也十分重要。向买方配送商品时，商品的行情与尺寸会使销售情况发生改变，课长必须注意到这些情况。

课长应该探讨进行某一主题的店内促销，以价格来吸引顾客，例如"烤肉聚会，一盒肉 398 日元，两盒肉 680 日元"。

原则上，在各天的销售计划中，从包含传单特价销售商品与店内促销商品的销售额预算中减去毛利预算后，所得的数值即为进货预算。生鲜部门应该根据当天的进货和销售情况，注意销售机会损失，废弃、廉价销售损失，然后再进行商品订购。

传单特价销售商品的售罄伴随着销售机会损失。为了防止销售机会损失的出现，课长需要确保易于维持鲜度的商品的库存量。

（2）注意特价销售的销售额构成比

另外，在生鲜部门的利润管理中，需要注意以下两点：①特价销售的销售额；②消耗品等的成本。

对于特价销售的销售额，课长需要掌握传单特价销售与店内促销的销售额构成比。如果能明确这一构成比，就可以减少订购过剩的风险。标准的构成比为传单特价销售占30%~50%，店内促销占20%~25%（每天5~8种商品）。

对于消耗品等的成本，课长需要掌握托盘等消耗品，以及配菜、佐料等的成本率。

如果毛利率为28%、消耗品率为2.5%、搭配品比率为2.5%、廉价销售/废弃损失率为5%，则最初加价率为34.5%。如果能知道传单特价销售与店内促销的销售额构成比，掌握其正确的加价率，根据这时包含必备商品在内的部门平均加价率也可大致推出毛利率。

订购 商品分类管理

生鲜部门的订购以传单特价销售与店内促销的商品为主。此外的商品，单品的销售额构成比不足1%，即使每天的总销售额为100万日元，其销售额也仅在1万日元以下。因此，水产部门除了特价销售商品外，ABC分析中的B级商品一天可订购4、5盒（根据销售规模有所不同），C级商品可根据顾客的到店频率，一天更新一次。

另外，课长应根据订购频率整理订购账目中的商品。例如，可以以传单特价销售与店内促销进行的次数为基准，将每月订购2次以上的商品归类为基本商品，订购1次的商品归类为主力商品，完全不订购的商品归类为补充品种商品。

接下来，对于基本商品与主力商品，课长应在账本的相应栏内用马克笔做上标记。补充品种商品应根据销售业绩设定订购日，在其他日子不再订购，并在相应栏内画上斜线。如此一来，便不会弄错特价销售等的时间安排与订购日期，也可以减少补充品种商品的订购过剩现象。

进货、质检 与订购不同时，要求退货

（1）贯彻质检工作

因为尺寸与重量不同，以及需要对配送商品进行应对，在生鲜部门中，蔬果与水产的进货工作较为困难。

第一，当尺寸、数量、价格、品质与订购内容不同时，要联系卖方更换商品。如果无法联系到卖方，就要联系业务公司。如果更换的商品能赶上当天的营业时间，应考虑对今后业务的影响，并判断是否向业务公司索赔。

第二，关于卖方的配送问题，当送货量超过自身店铺的销售能力时，应该进行进货价格的交涉等。

购进的商品很难向其他店铺调货或退货给业务公司。因此，课长应以自身店铺的承担能力为前提，谋求降低进货价格。配送商品难以达成当天的销售预算时，可通过用于店内促销的库存商品来确保销售额。

(2) 注意鲜度管理

蔬果部门可通过复苏工作来保持叶类蔬菜等的鲜度。因此,即使当天出现库存,也可以在第二天订购时调整数量。保持鲜度的要点是将到货的商品迅速移送至卖场、工作间、复苏室等地方。

将叶类蔬菜除水后,竖着放入大托盘中,然后用迷你托盘或平板车迅速移送至复苏室。箱装商品须记录到货日期,彻底落实先入先出制度。

加工、烹饪 通过预处理将工作均衡化

(1) 各时间点的工作与工作均衡化

生鲜部门需要进行加工、烹饪的工作,以下两点十分重要:①要考虑工时管理与工作均衡化等工作效率问题;②制作满足顾客要求的高附加价值商品。

第一,加工、烹饪的工作原则上应参照各时间点的销售预测,对应销售时间按顺序依次进行。但是,为了确保工作均衡化与卖场库存,可提前进行"预处理"等工作。

在预处理工作中,可优先考虑工作效率,比如一起处理一箱个数与销售预定数相等的商品。对于第二天早上开始营业时难以上架的商品,可在加工、烹饪工作不密集的白天高峰前后的时间进行处理。但是,预处理工作必须以商品未受潮、未变色为条件进行,并且要限定对象商品与数量。有变

色等风险的商品，应遵循"当天制作"的原则，在第二天早上进行加工、烹饪。

此外，为了减轻水产部门第二天早上开始营业时的工作负担，可在前一天的晚高峰后，进行生鱼片配萝卜丝的装盘工作。第二天早上开始营业前，课长应决定商品品种与数量，并交代兼职员工进行装盘工作。为使营业前的工作顺利进行，应以工作技能较高的人员为核心，安排好换班事宜。

（2）生鲜部门的品质提升

品质提升与鲜度管理的工作也十分重要。

肉禽部门需要进行熟化工作。特别是冷藏牛肉，由于肉纤维较硬，所以肉的熟化需要一定的时间。这一工作称为熟成。

冷冻的肉类与鲜鱼的切割工作应在零下 6 摄氏度~零下 8 摄氏度的环境下进行，这样即使回到超低温库房也可以保持原味。蔬果部门需要进行修剪工作。生菜与圆白菜的修剪工作最晚应该在午饭后马上进行。如果工作顺利，可在上午进行。

水产部门需要进行冷盐水处理工作。冷盐水处理需要将鱼放入 3.5% 浓度的冷盐水中，并将中心温度降至零下 1 摄氏度。由于冷却需要一定时间，所以课长应该注意工作的顺序。

陈列 在各时间点变更卖场布置

生鲜部门的商品品种储备需要考虑销售量、限定项目，扩大 SKU。在 150 坪（约 495 平方米）的店铺，SKU 目标为最佳 20 品类×3SKU＝60SKU；250 坪（约 825 平方米）以上的店铺，SKU 目标为最佳 30 品类×3SKU＝90SKU。

陈列工作虽应根据货架陈列方式进行，但也需要根据卖场情况随机应变。

生鲜部门的多层货架与开放式货架的陈列方式中，第二层以上的部分商品是固定不变的，但为进行传单特价销售、店内促销、廉价销售等活动，多层货架的下层与堆头架必须根据日、小时变更陈列的商品。为了减少廉价、废弃损失，应做好各时间点的销售规划（MD），并且决定各个商品在各时间点的陈列空间与陈列量，这也十分重要。

此外，货架陈列方式固定的卖场在发生商品断货、商品流动缓慢时，也需要随时变更货架陈列方式。由于晚高峰后卖场会出现售罄与缺货的情况，所以可以采取将上层商品移至下层、货架两端商品移至中间等的陈列变更措施，以此来维持分量感。最近，受加班时间等因素影响，打烊前不进行大幅度卖场布置变更的店铺也有所增加。

销售 确认二次开店准备前的销售额

（1）商品与卖场的管理

销售过程中，商品与卖场的管理十分重要。这两项工作可作为并行工作，每天定点进行。

在商品管理工作中，课长必须检查包装破损、受潮、变色等情况，撤去未达到自家公司基准的商品。虽然食品杂货部门也有污损、破损的情况，但与生鲜部门相比只占极小的一部分。

在卖场管理工作中，课长需要进行 POP 的确认、卖场的整理、缺货情况的检查与补充等工作，并在二次开店准备前确认当天销售预算的进度。

在进度落后时，应追加或修正店内促销方案。由于影响顾客的购买欲是前提，所以库存中应常备进货价格便宜、价格吸引人的畅销商品。

(2) 消化大量库存

当商品出现大量库存时，应优先保管至冷藏库或冷冻库，以确保第二天能以较好的状态进行销售。即使这样也无法消化完库存时，则须廉价销售或变更包装。

变更包装可将 4 个装的苹果变更为 2 个装，或将生鱼片单品装变更为混合品种包装，或将单份销售变更为搭配销售等。如果贴着廉价标签的商品过于醒目，则会降低卖场整体的鲜度品质，导致其他商品销售缓慢，因此必须变更包装。

廉价销售可在保质期最后一天的当天早上进行或在前一天晚高峰后进行。如果希望完全售出，则应该从保质期的前一天开始廉价销售。

库存管理 记录到货情况，落实先入先出制度

　　库存管理的要点是让库房冷藏、冷冻库的货架陈列方式规则化，区分生食与非生食商品。

　　对于到货商品，必须记载到货的月份日期，并彻底落实先入先出制度。在工作结束时，要对冷藏库进行清扫与整理，维持易于库存管理的状态。

　　另外，库存过剩持续出现时，要根据指定库存进行管理。除了一部分大量销售的商品外，通过该方法可做好高峰时间后出现部分商品断货的准备，以此减少库存。而对于库房内的库存配置，应按从外向内，尺寸由小到大的顺序进行配置，这样做可以让库存管理更方便。根据店铺的规模，当目前一个批次的商品数量过多时，应该由2家店、3家店一起分配。

（奥田则明）

管理重点商品的"非生鲜部门"

表 2-2　非生鲜部门的"从计划到销售的经营管理"

项目	内容
销售计划	理解总公司提出的销售主题与重点商品。重点商品在销售额与毛利中的占比较高，所以要制订周密的计划。
订购	重点商品（促销计划商品、特价销售商品等）应基于总公司的计划进行订购。必备商品则应以订购/交货频率、订购数量、订购业务、销售期限、订购工作的改善为要点。
陈列	在营业时间内应注意不要妨碍到顾客购物，保证工作速度与卖场美观。对于商品陈列、售价标注、POP 广告的制作/张贴、售价变更处理等工作，应一并进行。
销售	营业时，应确认以下四点：①没有缺货；②完成前进式立体陈列；③张贴了特价销售商品的POP；④卖场中商品的标注价格与收银登记的售价一致。
库存管理	应努力进行库房的整理、整顿，掌握每种单品的库存消化天数。对特价销售商品的剩货进行彻底处理。正确地进行实际盘货。

销售计划　重点商品一个月内售完

（1）重点商品的设定

虽然销售计划的制订应基于所有品种的商品，但在这里我们以特价销售计划为中心来介绍。

首先，重要的一点是理解总公司提出的销售主题与重点商品。

销售主题与重点商品是适时满足顾客要求，突显活动、节日、纪念日，美味与乐趣，健康性与便利性等概念的商品，这在确保目标销售额与毛利上十分重要。

其中的要点是：

第一，了解这一时间段内顾客的生活场景。例如，季节交替、活动、节日（有地区差异）等，家庭生计变化下的工资、奖金、养老金的支付日等。另外，天气变化也会造成销售主题与销售商品种类、数量的变化。

第二，了解自家公司去年同月、近几个月的销售业绩。课长必须了解去年什么商品在什么时间比较畅销，销售量有多少。

第三，了解公司外部的数据与信息。具体指家庭生计消费支出、制造商的新品信息，以及电视、网络、报纸、行业报纸等传播的包括其他行业在内的流行商品与流行信息等。

课长应综合探讨这三个要素，而后选定重点商品。共享顾客的生活感受，有计划、有效率地开展基本商品与顾客中意商品的销售工作。

此外，从宣传与其他竞争店的差别，彰显自身店铺优点的角度来说，出色地打造、销售自家公司、自家店铺选定的商品与柜台也很重要。

（2）销售数量与金额的设定

其次是设定销售数量与金额。重点商品因销售额与毛利的构成比较高，所以必须制订周密的计划。

这一设定以销售额与毛利的预算为基础。设定时，课长应根据过去的数据计算出部门中重点商品所占的构成比，进而综合考虑去年的单品销售数量与趋势、新投入商品的预算值、各类别的自有品牌（PB）比例、各单品的平均售价等因素。

此外，课长还需考虑百货店等竞争店的特价销售与必备商品售价情况。

课长针对每种单品与类别，要计算设定的各个售价的销售额与毛利，实施重点商品的总模拟实验后，最终决定销售数量与金额。决定后的销售预测应用 PI 值进行确认。

(3) 促销计划的制订

促销计划是销售计划的核心，它能促进顾客上门消费，影响店铺整体的销售业绩。因此，计划的时间与精度十分重要。

·促销主题

应遵从总公司提出的主题。在自身部门的销售额无法预测时，应设定符合季节、活动、节日、生活场景、菜单的独立主题，开展店内促销活动。

·关联商品

课长应根据促销主题，以重点商品（包含其他部门的重点商品在内）为核心，选择关联商品。在选定重点商品以外的商品时，可参考销售计划的主题与菜单烹调法，这可以防止出现漏洞和偏差，获得较好的销售额业绩。

·销售时间

由于商品特性与商品固有条件（售价、限制等）的存在，销售时间有3个月、1个月、1周、3天、2天、1天等各种限度。关键是要在这一期间内完成销售预算。

·销售位置

同样的商品以同样的价格销售，也会因销售位置的不同产生销售额的变化。此外，陈列器具的种类（吊篮、堆头架、展柜等）也会导致销售额与陈列量发生变化。

虽然"将畅销商品摆在畅销位置"是基本原则，但应考虑端架与堆头架的"磁石效应"，决定商品的配置和组合。

课长必须牢记端架与堆头架的作用是引起顾客兴趣，提高驻足率，最终促进顾客在必备商品卖场内来回浏览商品。

·决定数值

根据目前假设的内容决定数值。课长应探讨售价、数量、加价能否完成预算，以及风险是否过大。

·促销方法

可采用各种促销方法，以切实达成促销计划目标。例如，交叉销售、关联销售、变化陈列、运用促销工具、提议新菜单与新吃法、制作POP、试吃/试饮、演出等能够进行商品展示、加强商品可视性的方法。

(4) 达成计划的要点

虽然提高销售计划的精度十分重要，但是很难防止销售损失与销售剩余的出现。因此，可将"在月底前售完"设定成一个标准。当然，日配部门的销售期限较短的商品等另当别论。其要点如下：

·销售期间的商品销售数量未增长时，可采用变更商品配置（场所与陈列高度）与排面、开展试吃活动、变更 POP 等方法。

·检查特价销售的 POP 是否也张贴在了必备商品卖场内、是否比平时扩大了必备商品卖场的饰面、陈列方式的改变能否吸引顾客。

·如果特价销售商品剩余较少，则将其作为必备商品；如果较多，则考虑是否更改售价或销售单位，并再一次有计划地实施特价销售。

·确认"互助"商品（可互相促进同时购买的商品）与"矛盾"商品（一方售出，则另一方无法售出的商品）。为"互助"商品时，要强化关联销售。

·生鲜与副食品如果为"互助"商品，则要积极地进行关联推销。

订购　注意商品订购与人员换班问题

重点商品（促销计划商品、特价销售商品等）应根据总公司计划进行订购。必备商品应按以下要点进行订购：

(1) 订购、交货频率

订购频率较高，则每次交货量较少，库存负担与缺货风险降低，但与此相对，成本与工作成本就会上升。订购频率较低，则容易出现相反的情况。无论是哪种情况，商品流通率的高低都是关键。

一般而言，加工食品、点心、冷冻食品、冰激凌等商品需要每周进货3~4次，面包、牛奶、乌冬面、豆腐等日配商品需要每天进货。订购频率对应交货频率，每周订购3~4次或每天订购的情况较多，但有时也会因店铺规模与物流中心的有无等因素，导致频率不同。

另一个关键点是换班。

为了预防在商品大量到货的日子人手不足，或相反商品数量过少而人手盈余的情况，应采取换班或制订工作计划等方法，综合考虑人员的效率。这是实现合理订购的重要条件。

(2) 订购数量

"补充订购"是为了对应事先决定的陈列数量，补充销售减少的数量。但是在此之前，还需要考虑订购后截至到货、上架前的准备时间内的销售数量。

对销售数量影响最大的是顾客人数。因此，课长应根据天气、星期、特价销售的力度、竞争店的促销情况、销售数量的趋势、过去的销售业绩等因素，预测顾客人数与销售数量。

采用自动订购系统的店铺，为提高这一预测订购的精度，必须反复改良包含储备条件与业绩等信息的数据库。

(3) 订购业务

订购业务会因订购系统的不同而有所不同。有自动订购、EOS 订购、电话或传真订购，以及网络订购等各种方法。

这些订购方法的共同点是使订购工作的顺序规律化，帮助人们顺利地进行准备工作、主体工作、后续工作，避免单纯的错误与检查遗漏。此外，为了提高订购精度，课长应注重积累数据与经验，尽可能地收集信息。

(4) 销售期限

厂商会在商品上注明保质期等信息。但是，顾客今天购买的商品不一定会在当天使用，因此应该推测顾客在家庭内的消费期限。

课长应根据自家公司制定的销售期限进行日期管理。特别是大米、半生点心、日配等商品，应在统计库存数量时，确认商品的销售期限是否明确。

(5) 订购改善

商品的销售计划、订购、交货、陈列、销售、库存等都会影响营业数值。简单地决定负责人，未进行培训就让其负责订购工作，这样的情况时有发生，往往会伴随很大的风险。

"利润是原动力"，必须极力消除缺货、降价、废弃等现象。由于存在突发性热卖的情况，因此很有必要保持一些商品的充足库存。另外，也会有厂家缺货的情况。

不管是何种情况，重要的一点是认识到这些事情平常便有可能发生，并追寻其发生的原因，必要时还应进行假设，明确问题点。

其中必须注意的是粗心导致的错误、问题的拖延、无记录等现象。对此，课长应加强经营管理，落实到各天、各周、各月来提高订购精度，这十分重要。

陈列 检查速度与完成情况

陈列工作的要点在于工作的速度与卖场的美观。在营业时间内，应优先考虑顾客，注意不要妨碍到顾客购物。同时，商品陈列、售价标注、POP 广告的制作/张贴、售价变更处理等工作，应一并进行。

（1）工作速度
陈列工作中，必须根据规定的陈列形式与方法，在限定的时间内，陈列完规定数量的商品。事先的准备工作对于最大限度地缩短陈列时间至关重要。

补充陈列的工作中，根据布局设计表确认工作顺序十分重要。而对于重点商品与限量商品的柜台而言，布局计划书十分重要。准备工作包括事先确认商品是否到店、POP是否完成、道具用品是否齐备等事项，无误后方可进行陈列工作。

重点商品的陈列应在晚高峰以后或者夜间、营业前进行。

无论如何，实现陈列工作时间的最短化，与进行操作的时间段、安排都息息相关。构建相应的机制十分重要。

（2）陈列工作的完成情况

陈列工作的评价标准并非只有速度，提高销售量是我们的最终目的。所以"精度"尤为重要。

关键是要就陈列的基础知识、变化陈列的技巧与用法、专业用语等相关基础知识，对兼职员工进行集体教育，并通过 OJT（On the Job Training，在职培训）教育提升员工的技术水平。

此外，课长应让兼职员工根据总公司的促销企划书，描述布置印象图。当他们了解了卖场陈列的完成情况后，课长就可以给他们提供建议，助其提升工作速度。

（3）下架商品的处理

要下架的商品应根据其剩余数量，通过改变销售方式与陈列位置来销售。为确保销售额与毛利，应根据商品的数量、特性、售价等，选择行之有效的销售方法，这非常重要。例如，以下情况：

- · 必备商品的补充。
- · 店内促销（变更售价、卖场布置等）。
- · 替换组合商品，开设新主题的端架。
- · 廉价销售、清仓特卖。
- · 作为库存在库房暂时保管，制订新的销售计划。

（4）陈列后的拍照工作

拍摄陈列完成后的卖场，将照片与卖场营业期间的业绩数字一起作为之后的验证材料。

销售 开始营业前完成前进式立体陈列

（1）开始营业前的要点

开始营业前最重要的是：①确保无商品缺货；②实施了前进式立体陈列；③保证合理的特价商品排面数，采用高可视性的陈列方法，张贴POP；④保证卖场中的商品标价与收银处登记的售价一致。

前进式立体陈列的基本要点是将保质期（销售期限）较短的商品陈列在前面，并且整齐排列。另外，确保曝光度较高的堆头架、吊篮、端架的商品呈现量足也是要点之一。

（2）下午 2 点的数据检查

以下午 2 点为界限，确认店铺的顾客人数、销售额、所负责部门的销售额、前几位的商品销售额和促销商品的销售量。必要情况下，在 3 点前采取对策。可采用变更配置、增减销售单位、改变卖场布置、变更保质期较短商品的售价等对策。

另外，晚高峰前课长必须检查卖场的布置完成情况，改善卖场的状态，思考第二天的准备，保证包括库房在内的运营顺利。

（3）活动结束后的总结

为了推动下次促销计划顺利进行，课长应对促销计划的销售状况、业绩数值、工作工时、问题点、改善方案、顾客反应、竞争店状况及注意到的问题等进行定量、定性的记录。并且，还应附上陈列时拍摄的照片等资料。

库存管理 观察单品的消化天数

（1）整理、整顿

·课长应明确每种库存单品（特价销售的剩余商品、补充用的存货商品等）的配置，并掌握库存金额。课长还应毫不懈怠地检查商品鲜度，注意保质期等，努力在保质期内售完特价商品。

·库房应与店内一样，扩展排面进行商品保管，以易于寻找。

·将较重商品保管在易于拿取的高度。

·确保即使不移动商品，也能知道其商品名与尺寸。

·将备用品、促销物品、商品样本等物品与商品进行区分，并定点保管。

·尽可能计划好卖场布置与每位负责人。

·按规则处理次品等不符合销售条件的商品，不作为库存保管。

（2）库存管理

库存管理有以下 3 个要点：

第一，明确目标。确认每个单品的库存应该在多少天内销售完毕。

即使数量一样，热销商品与积压商品的库存消化天数也有差别。在进行库存整理时，必须再次讨论订购周期、排面数量、货架陈列方式、订购数量等，制订改善对策，保证合理的商品流通率。

第二，以金额为基础来理解库存。

用期首盘货库存（售价）加上进货售价，再减去销售额后，得到这一时间点的库存金额。通过对中途经过进行确认，益于使月末实际盘货的库存金额接近目标数值。课长必须特别注意单价较高的商品。

第三，确保库存以应对自然灾害等紧急情况。特别是矿泉水与罐头食品等商品，作为应对地震等紧急情况的商品进行保存。课长应明确什么样的商品放在什么位置，库存的数量和金额是多少，并对其进行日期管理。

（3）特价销售商品的剩货

库存规模变大的最大原因是特价销售商品与总公司配送来的商品的剩货。这时，高精度的销售计划与陈列（销售）技能，就十分重要。如果出现特价销售商品过剩的问题，应在销售上下功夫。

（4）实际盘货

实际盘货是确定某期间内毛利的一项不可或缺的业务。很多企业都会将该业务外包给专业人士进行。此外，这也是单品库存管理的要点。正确进行实际盘货的要点如下：

·商品全部采用SKU制度。

·将吊篮、玻璃柜等所有陈列场所都标上号码，统计每一个号码（检查每个号码，以益于改善工作）。

·为了便于计数，正前方采用前进式立体陈列的方法。

·不要遗漏因交叉销售等陈列在其他部门卖场的商品。

·当发生赊账现象时，以"SKU×数量"的方式处理。

·盘货后将从库房运出的商品上架时，注意不要重复计数。

·盘货结束后，对应每个陈列场所的号码，确认与上个月业绩的差值。如果差值异常，则应再次对该场所进行盘货。

·盘货结束时，课长应浏览布局图，向所有负责人确认店门口、库房是否有遗漏的地方。

（铃木国朗）

要求准确度和速度的"收银部门"

表2-3　收银部门的"从计划到销售的经营管理"

项目	内容
营业前的准备	进行早会与备用品检查。在早会上确认特价销售商品、换班变更、销售额预算、推销措辞、前一天的投诉要求、错算率等。
零钱管理	以销售额的20%为标准，准备好零钱。根据人均消费决定零钱面值。工资发放日过后，增加零钱数量。做好回收1万日元大面值纸币的工作。
登记工作	要点是准确度、速度和顾客接待。顾客接待与速度可通过训练来提高技能，准确度则需要有人对容易出错的点进行指导。
投诉处理	收银员难以应付所有的投诉工作。错误的登记工作由收银员负责，其他投诉可向店长报告等。
教育	对接待顾客、收银操作、金钱收找、消毒等工作进行培训。为了让收银员熟练开展收银工作，事先进行集体教育十分重要。
错算率管理	对应各员工的错算率等级，采取再训练等相应对策。

营业前的准备　在早会上确认预算与换班

（1）坚持开早会

收银处课长早上最重要的工作是营业前的准备。营业前的准备包括主持早会与检查备用品。

早会上，课长应确认当天的销售主题，以及与收银员相关的工作。其具体内容为促销商品与特价商品的名单、换班的变更、当天预算与二次开店前的 50% 的预算、第二天以后特价商品的推销措辞、顾客的投诉要求、错算率的实绩等。

在促销商品、特价商品的名单检查中，为了防止出现登记错误，应调动全体收银员。在实际工作中，常常有因按平时的价格进行登记而导致顾客投诉的案例。

当因换班变更而发生人员短缺的情况时，是延长哪位课长的工作时间，还是向其他部门求援来填补空缺，这些要提前调整好，以防在营业中发生纠纷。

（2）备用品的检查

另外，还应进行备用品的检查。应检查收银处附近是否备有收据本（有些企业只在上午使用彩色收据）、购物袋、细分袋、冰、干冰，包装台附近是否备有打包用的纸胶带、透明胶带、细绳、抹布、垃圾箱（确认是否是空的）、空纸箱等物品。

空纸箱应除去其中有污渍的，按大、中、小的尺寸整理归类。在地方超市中，顾客有时会购买整条鲥鱼、鲑鱼，因此要准备好泡沫箱。此外，还应检查切细绳的美工刀是否锋利，生满锈无法剪切的美工刀常常随处可见。

零钱管理　在各时间段补充零钱

(1) 根据销售额

零钱的准备对于结账能否顺利进行至关重要。零钱管理也是课长的工作之一。具体来说，零钱应分为多个面值，在各时间段进行补充。

在零钱的准备工作中，课长应向店长出示当天必需的零钱面值一览表，由店长负责到银行窗口兑换零钱。

准备的金额应以销售额的 20% 为准，根据每台收银机的销售额决定具体金额。如果每台收银机的销售额为 60 万日元，则准备金为 12 万日元。

面值应根据人均消费进行分类。人均消费较低的店铺应多准备小面值的零钱，人均消费较高的店铺则应多准备 1000 日元等面值的纸币。

零钱数额与面值应随销售额的变化进行变更。

由于周末的销售额会增长，所以周六应按平时 2 倍的标准、周日应按平时 1.8 倍的标准准备零钱。工资发放日后的周末，用 1 万日元付款的顾客会有所增加，所以应多准备些零钱。而在年初营业与周年庆等时候，要考虑准备新钱。

(2) 补充的时机

零钱的补充一般应在店长或副店长回收 1 万日元的纸币

后迅速进行。定时回收 1 万日元的纸币也是从防止犯罪的角度考虑，防止收银处留有大面值的纸币。

1 万日元纸币的回收工作一天大约进行 3 次。一般为下午 3 点（销售额达到预算的 30% 时）、下午 6 点（销售额达到预算的 70% 时）以及最后的收银款回收时间。

由于下午 6 点以后收到的顾客零钱较多，所以开始营业前的首次补充与下午 3 点的二次补充只需分别补充零钱总额的一半即可。

登记工作 贯彻三大要点

收银登记工作有以下三个要点：①准确度；②速度；③给顾客留下好印象的接待服务。无论缺少哪个条件，都有可能导致顾客投诉。对顾客而言，准确度与速度是理所应当的服务，因此在收银登记工作上必须给顾客留下好印象，以提升顾客对自身店铺的忠实度。同时，还应将登记工作的顺序登记在册。

（1）售价变更引起的登记错误

准确度方面的失误。一般是指 POS 收银过程中输入错误引起的失误。这是三个要点中最容易引起投诉的项目，因此在投诉处理工作上课长必须细心。

其一，课长应该注意的是扫码错误与散装销售商品的件数错误等。扫码时，条形码读取的失误与购物篮旁边轻分量商品的处理等二次登记常常导致出现结算错误。而数错盛放在盘子中的散装炸薯饼的数量等是引起件数错误的原因。

其二，课长应特别注意售价变更引起的登记错误。

进行售价变更时，一般采用的方法是在商品上贴上变更标签，而后在收银机处扫码。但是，实际上在晚间降价促销时，店内已播放广播了，还有降价标签的粘贴工作未完成的情况。

收银处课长必须向各负责人传达这些容易出错的要点，引起他们的注意，避免错误的发生。

（2）机动地开关收银机

对于速度这一点，课长的首要工作是根据公司确定的标准工作时间，让员工反复锻炼与实践，提高收银员的技能。但是，运营是否顺利进行、员工能否机动地掌握收银机的开关等工作也十分重要。

例如，收银处等待的顾客超过五人时，应向其他部门提出援助请求，加开收银机台数，采用双人运营。有些企业只在繁忙时采用双人制。

当然，不能只追求速度而忽视收银登记的准确度与接待顾客的礼貌性，而应根据工作指南，按正确的顺序进行收银登记工作。

(3) 接待顾客的重要性

对于顾客的接待工作，虽然不需要过多的服务，但也要注意给顾客留下一个好印象。

接待人员应以确保准确度与速度为前提，注意仪容，使用"欢迎光临""谢谢惠顾"等接待用语，用眼神进行交流，在空闲时间为顾客提供装袋服务。

接待老年顾客时，不应急于让对方完成金钱收找，而应追加提供将装满商品的购物篮运送至包装台等服务。

投诉处理 规定处理的范围

收银员未能检查出收银登记错误等问题时，会遭到顾客的投诉。除此以外，还有与商品品质相关的投诉。接待人员的应对有时可能会给顾客留下坏印象，因此课长必须对收银员进行彻底的投诉处理培训。

(1) 投诉处理安排

收银引起的投诉应如何处理呢？课长应明确该投诉的处理安排。虽然登记错误等问题应由收银员本人来处理，但有时会因商品品质不良或价格问题而出现严重的投诉情况。因此，必须明确这种无法由收银员单独处理，而必须向课长或店长报告的投诉处理规则。

必须向上司报告时，收银员应有礼貌地向投诉顾客说

"我现在和上司确认情况，麻烦您稍等片刻"，然后迅速与上司取得联络。但要注意，只要尚未明确是店方的责任，课长就不能只凭收银员的判断，向顾客道歉。

无理投诉时，顾客会以店方的道歉为理由，追究店方的责任。因此收银员必须正确地抓住顾客提出的问题，并将其准确地报告给上司。

(2) 收银员投诉处理

收银员投诉处理的要点大致有以下三点：

第一，防止登记错误。应努力避免出现降价促销或二次登记引起的错误，并制订计划安排，进行员工培训。

第二，合理应对与商品相关的投诉处理。

例如，收银员对"肉的色泽很奇怪""副食品里有头发"等投诉无法做出判断时，最好交由服务中心处理。

第三，与金钱相关的投诉处理。该投诉常常是 1 万日元等大面值纸币的收找问题，在完成必要的工作前，应将纸币固定在收银机上，以防止此类事件的发生。

此外，当怀疑是假币时，如果当场向顾客确认肯定会引起投诉。因此，在认为纸币有问题时，收银员应在结算后马上与店长取得联络。

教育 **收银工作前，培养员工独当一面的能力**

收银员的教育是课长的重要工作。收银员的水平会极大地影响顾客对该店铺的服务评价。虽然许多企业由总公司的培训师负责收银员的培训工作，但当培训师不在时，应由各店的课长负责。

教育的内容分为4种：①接待顾客（接待用语）；②收银机的操作方法；③金钱的收找；④装袋。在会议室等地进行集中学习后，在实际的卖场中，由课长陪在身边进行 OJT 教育。

收银员与其他部门不同，开始收银的瞬间，便需要一个人熟练地结账并接待顾客。对顾客而言，熟手、新手都是员工，没有区别。因此在集中学习的阶段，必须让他们掌握与结账相关的技术。

装袋等工作不仅需要教授重物在下、容易发臭的商品另外装袋等基本需要注意的地方，还应进行模拟测试。测试中，应准备好生鲜食品、洗涤剂、电灯等属性不同的商品，检测收银员能否在规定的时间内，用正确的方法进行结账，并对他们进行指导。

如果有可能，企业应设置收银津贴、等级制度、收银员比赛等，以便不断提高收银员的能力。

错算率管理 根据等级进行相应的改善

错算率是用收银机中登记的销售金额与手头收入的销售金额（事先准备的零钱除外）的差除以登记的销售金额得出

的百分比,即:

错算率=(登记销售金额-手头收入金额)÷登记销售金额。

课长应算出每位负责人与每台收银机的错算率,根据每天的变化,以一周为单位进行管理。并且,应向店长提交周、月的各人成绩表。店长检查后报告给店铺运营部长。

(1) 各错算率水平的应对

错算率的管理应分为两类来考虑。分别为入职两三个月的员工、兼职员工与入职 10 个月以上的兼职员工、入职半年的正式员工。

前一类人员可能还未习惯工作,应反复进行改善问题的教育。后一类人员可分为以下三个阶段来考虑:

第一,错算率为 0.001%~0.002%。这与损失率相比已经十分优秀了。

这时要表扬员工。如果受到企业或店铺的表彰,员工的动力会得到极大的增强。如果这一水准能持续一两年,则可以改善服务等级,提升企业形象。

第二,错算率为 0.003% 左右。对于这样的收银员应反复进行培训,以提高他们的技能。

第三,错算率为 0.004% 以上。这种情况下,首先要明确原因。

(2) 各时间点的管理

课长应确认是繁忙时段发生的错算，还是哪天的哪个时间段发生的错算。通过与本人面谈等方法，对收银员进行指导。女性收银员有时会出于身体原因导致错误频发，课长必须对其进行辅导。

除此之外，错算持续发生时，店长或副店长应辅助进行装袋工作，为防止发生错误而对员工进行直接指导。如果错算率逐渐改善，课长或店长应表扬员工为改善所付出的努力，激励其继续努力。

（佐佐木信幸）

单品大量销售的销售计划与卖场的企划能力

销售计划的正确制订方式

（1）从一种商品的销售开始

制订销售计划时，要考虑到"使卖场有所变化"。

这里指的并不是员工能明白的那种变化，而是让有计划和用技术布置出来的卖场给顾客"今天不一样了"的印象。

因此，首先必须计划"销售一种商品"。如果一种商品无法售出，则五种、十种商品也无法售出。其要点如下：

·决定销售的商品

为使顾客注意到卖场的变化，应讨论热销何种商品。

·决定销售数量

应计划多于平常2、3倍的销售数量。因为没有这么多数量的话，便无法让顾客感知到变化。

如果以2、3倍的销售数量为前提，为了售完这些数量的商品，卖场就不得不进行根本性的改变。

从一种商品开始的另一个理由是为了掌握售完商品的技术。

如果想大量销售一种商品，为了避免出现库存，就必须想办法售完商品。即使无法完全售出，也应该可以从这一过程中掌握售完商品的技术。

（2）让销售的思考过程成为习惯

其次，必须理解销售的思考过程。以下列举了自然进行的思考过程：

①决定销售的商品

决定希望销售的商品，确认自己为何选择这一商品。

②确认销售的理由

决定商品时，选择的理由应该很明确。应该再一次问自己，确认选择的合理性。

如果其理由是该商品为传单特价销售的对象，那么应该重新选择。选择商品时，必须有"这么优质的商品，好想让更多的人了解啊""想比对手吸引更多的顾客"等意志。

③确认当前的销售量

为销售2、3倍的数量，必须掌握当前的销售数量。

④决定目标商品的数量

应具体确定数量目标，比如2、3倍等，并坚定自己的销售决心。

⑤确认当前的销售方法

确认形成当前销售量的条件，如订购、陈列位置、排面、POP、品质、价格等。

⑥设想能实现目标的卖场

明确能实现目标销售数量的卖场的条件。

(3) 制订类别销售计划

制订分类别提高销售额的计划，诸如提高水果中的橘子、鲜鱼中的生鱼片的销售额等。

(4) 进行混合加价

将扩售商品与高加价商品进行组合，制订实现毛利目标的计划。

(5) 制订利于实现销售额预算的计划

计划有利于实现销售额预算的销售数量，必须了解什么季节应计划多少数量的何种商品。

从销售计划到结果验证的过程如图 2-1 所示。

提高卖场的企划能力

想要提高卖场的企划能力，就必须提高联想能力。最初可采用模仿的方式。

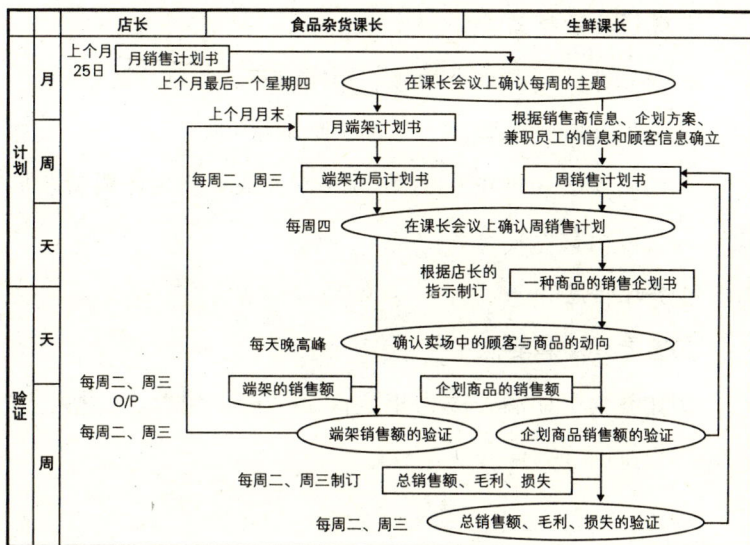

		店长	食品杂货课长	生鲜课长
计划	月	上个月25日 月销售计划书		
		上个月最后一个星期四	在课长会议上确认每周的主题	
		上个月月末	月端架计划书	根据销售商信息、企划方案、兼职员工的信息和顾客信息确立
	周	每周二、周三	端架布局计划书	周销售计划书
	天	每周四	在课长会议上确认周销售计划	
			根据店长的指示制订	一种商品的销售企划书
验证	天	每天晚高峰	确认卖场中的顾客与商品的动向	
		每周二、周三 O/P	端架的销售额	企划商品的销售额
		每周二、周三	端架销售额的验证	企划商品销售额的验证
	周	每周二、周三制订	总销售额、毛利、损失	
		每周二、周三	总销售额、毛利、损失的验证	

图2-1　从销售计划到结果验证的过程

模仿基准店铺的企划与方法

①想象负责人在堆头架与端架上的意图

- · 目的是什么；

- · 观念是什么（如何满足顾客）；

- · 目标是谁。

②观察顾客的动向

- · 顾客止步在什么卖场；

- · 顾客停留在什么卖场；

- · 买了什么商品；

- · 哪种顾客层。

③观察卖场布置

·商品项目（产地、尺寸、销售方法、价格、容量）；

·陈列（陈列的顺序、排面、陈列量）；

·销售方法（POP 的有无与内容、试吃、人体模特、展览布局、促销要点）。

④整理信息

⑤思考方法和要点

例如，为了让橘子成为指定商品，设定甜度、价格、陈列顺序、排面等条件。

将顾客意见运用于卖场

为了提供便利的卖场与商品，课长应积极运用兼职员工与顾客的意见。

（1）运用兼职员工的意见

大部分兼职员工都是住在附近地区的家庭主妇。兼职员工的意见就是地区顾客的意见，应将其运用到卖场布置上。其要点如下：

·卖场巡逻的时间安排与工作实施；

·制作难以购买、分量过重商品的目录；

·目录商品的卖场确认；

·改善要点的整理；

·卖场、商品的具体变更。

列举一些兼职员工意见的案例：

·日本牛小腿肉（西点用）：1 盒为 980 日元，希望买到一半分量一半价格的牛肉。

·酸奶：月度商品的 POP 过多，难以明白其他商品的特点。

·便当：不仅仅是大分量的商品，希望推出一些面向女性的健康商品。

以上建议可马上用于卖场与商品的改善。当兼职员工习惯了这种提议方法后，改善效果可得到提升。

（2）运用顾客的意见

运用顾客意见的顺序大致可分为以下几步（图 2-2）：

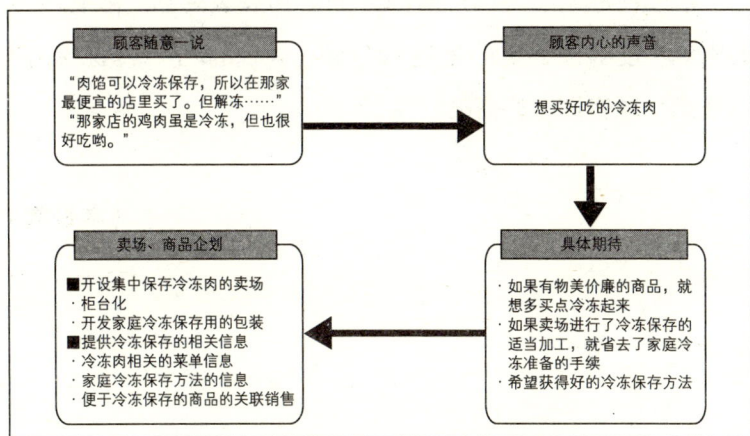

图 2-2　根据顾客意见发现企划的流程

①收集真实的意见

收集诸如"冷冻保存的肉馅，解冻很困难""那家店的鸡肉虽是冷冻的，但很好吃"等意见。

②转变为顾客期待的话语

将前述的真实意见转变为顾客期待的话语。

- ·冷冻的肉便于保存；
- ·想知道简单的解冻方法；
- ·想知道好的冷冻方法。

③反映到卖场与商品上

- ·开设冷冻肉集中的卖场；
- ·建议冷冻与解冻的方法。

有些连锁店开展的"散装冷冻卖场"就是将顾客的意见具体化的例子。

散装冷冻商品是肉片瞬间冷冻后的袋装商品。散装冷冻的肉馅，能够按必要的量进行分装，剩下部分可冷冻保存。这是满足顾客期待的商品。

（木村博）

第 3 章

合理订购的
机制与技术

订购作为销售的起始，是一项非常重要的工作。必须根据销售计划实现合理订购。否则会因错失商机给顾客带来麻烦，或者因降价和废弃损失使店铺利润缩减。

实现合理订购的两种方法

订购是一项十分重要的工作，但出人意料的是，这并未被人们整理成一个完整的体系。

因为尚未整理成体系，所以需要做的事情也很零散。或是所有的商品都依靠自动订购，或是胡乱使用订货账本，又或是一味地追求订购预测的精度。结果很多时候构建出的反而是使用不便、效率低下的订购系统。

订购分为诸如水产、肉类的原料订购，与诸如食品杂货、日配商品的产品订购。那么产品订购系统的发展形式主要有哪些呢？什么样的订购方式才是符合商品特性的呢？

订购系统的发展经历了三个阶段：电话/传真订购，使用 EOS 的在线订购，自动订购（图 3-1）。现在，第二阶段的 EOS 订购是主流。

EOS 订购的流程：

①店家决定好商品种类和订购量后，输入到手持终端等 EOS 终端，将这些订购数据在线发送至信息中心。

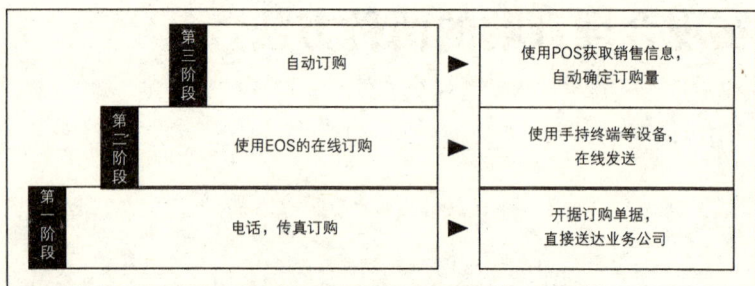

图 3-1　订购系统的三个阶段

②信息中心在各店的订购数据中添加商品名、成本、到货日期等信息，按业务公司分别重新编辑后，将信息在线发送给各业务公司。

③业务公司根据这些订购数据统一开据进货票据，并根据这些数据对商品进行分类整理，之后装入配送车。

④店家对照随商品送达的统一进货单据检查商品，没有问题则接收商品并在卖场上架。进货单据如果无修改，则用电脑与信息中心持有的订购数据进行核对，形成店铺的进货数据及未支付给业务公司的赊购数据。

以上是目前 EOS 订购的基本形式。

此外，与订购系统不同，还有从商品特性出发的管理方式，即订购方式。订购系统和订购方式经常被混淆。

订购方式可以分为两大类（图 3-2）。

第一种是补充订购。这是指卖场确保有一定的陈列空间，为补充已售出部分的订购方式。

食品杂货/酒类　　货架标签方式　　定期订购

订购方式

补充订购　|　卖场的陈列数量一定，补充已销售部分　|　必须确定陈列数量　|　可自动订购

货架陈列系统

预测订购　|　预测销售量后决定订购量　|　为预测销售量，必须确定过去的销售、订购实绩　|　难以自动订购

日配商品/生鲜食品　　订货账本方式　　每日订购　每周订购

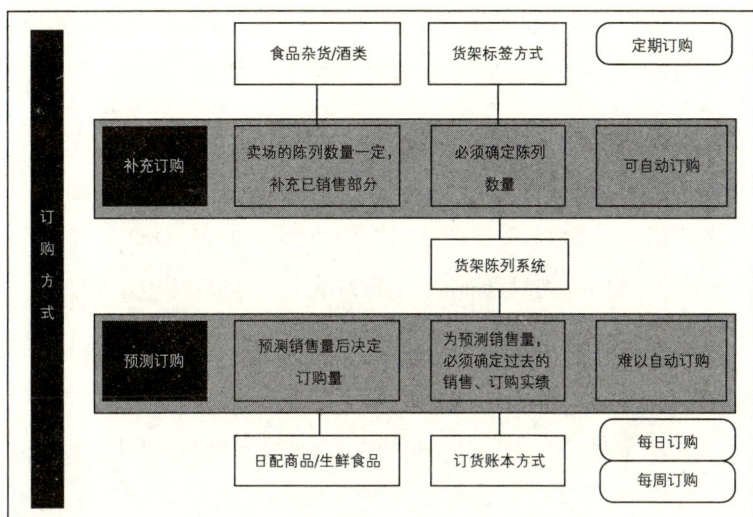

图 3-2　两种根据商品特性进行的订购方式

　　食品杂货与酒类商品常采用补充订购的方式。这些商品因陈列场所固定，并设有货架标签（价格牌），订购时经常不使用订货账本，而是采用称为货架标签方式的订购方式。货架标签方式是一种直接使用手持终端读取货架标签的条形码，即时输入订购量的方法。这一方式的工作效率非常高。

　　第二种是预测订购。预测订购是指卖场陈列空间不以满库为准，而是考虑当时的价格、天气、竞争店铺的情况等因素，只订购可售出数量的方法。这一方式的主要对象是日配商品、生鲜食品等。因为这些商品变质速度快，一旦销售不完便容易造成亏损。

　　决定预测订购量时必须参考过去的销售实绩，预测未来。

因此，必须参考这种商品上周同一天进货多少、亏损多少，当时的天气、温度如何，价格多少等实绩数据。

在预测订购中，常常用到订货账本。订货账本并不仅仅用于记录明天的订购量，还用于了解过去的实绩，以预估明天的销售量。

由于商品的特性不同，订购方式与订购系统也不同。

但是，食品杂货与酒类如果每天订购，由于订购日期与到货日期重合，必须使用订货账本。

生鲜食品中的火腿、香肠类的加工肉也可采用补充订购。日配商品中，必须采用预测订购的仅限于豆腐、牛奶等商品。

重点是我们要牢固掌握订购系统和订购方式的差异。

针对酒类与食品杂货的补充订购

人们一直在对如何确定订购量进行理论研究。这一理论研究的对象是补充订购方式的订购量。

我们必须注意到这一理论的适用对象并不是所有的商品。

例如，假设商品为 1 升装的酱油，每周固定三次订购（周一、周三、周五），三次到货（周二、周四、周六）。这时决定订购量的计算顺序如图 3-3、图 3-4 所示。从订购日到下一次订购日的期间称为"订购期间"。如果订购日为星期三，下一次订购日为星期五，则订购期间为 2 天。

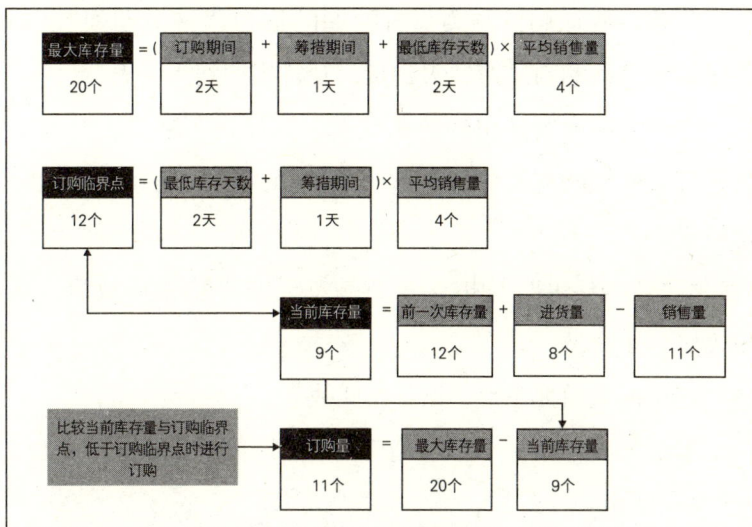

图 3-3　订购量的思考方法

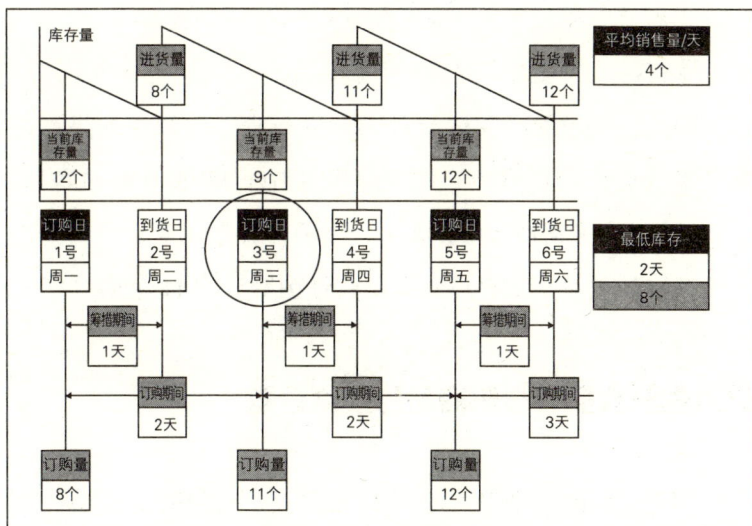

图 3-4　订购周期结构

此外，从订购日到到货日的期间称为"筹措期间"。如果星期三订购的商品第二天到货，则筹措期间为 1 天。

有时商品会突然出现热销状况。为保证不断货，必须准备好几天份额的充裕库存。这个天数称为"最低库存天数"，这里设定为 2 天。

"平均销售量"是指这一商品每天的平均销售数量，这里设定为 4 个。

基于以上前提条件，以下公式成立。

①最大库存量＝（订购期间+筹措期间+最低库存天数）×平均销售量

②订购临界点＝（最低库存天数+筹措期间）×平均销售量

③当前库存量＝前一次库存量+进货量-销售量

④订购量＝最大库存量-当前库存量

因此，将当前库存量与订购临界点进行比较，如果当前库存量低于订购临界点，则须订购④中订购量份额的商品。在例子中，订购临界点为 12 个，当前库存量为 9 个，因为当前库存量低于订购临界点，所以按订购量订购 11 个商品。

针对生鲜食品和日配商品的预测订购

预测订购的必要条件涉及许多方面。有经验的负责人会在脑海中用经验的思路计算出订购量。而一般的负责人会使用电脑提示的订购量方案，以期能够合理订购。

图 3-5 是对豆腐订购量的预测。

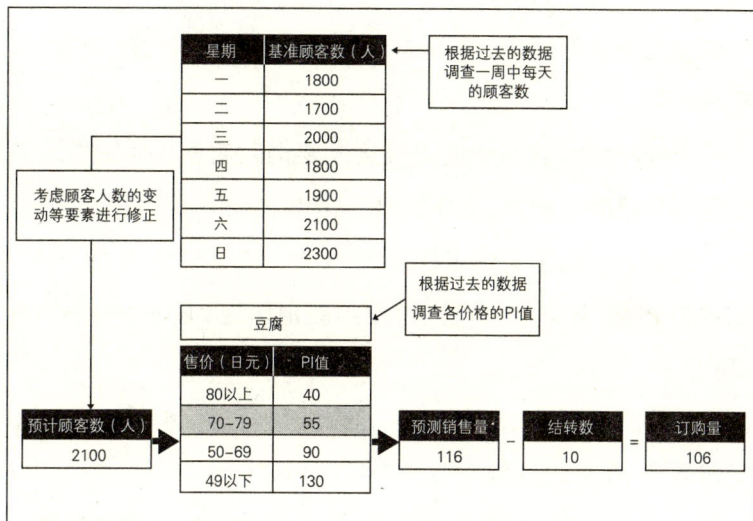

图 3-5　使用 PI 值预测订购量

豆腐很容易成为特价商品。根据特价销售价格，销售量会有很大的变动，因此会使用"PI 值"（Purchase Index，指顾客每千人的平均购买率）的概念。

我们需要事先根据 POS 数据调查各价格区间的 PI 值。例如，正常售价设定为 80 日元以上时，PI 值为 40，70～79 日元时 PI 值为 55。这样，当天的预测顾客人数乘以 PI 值后便能得出订购量。

那么，怎样才能得出预测顾客人数呢？

对顾客数影响最大的因素是在周一至周五的哪一天购物。根据过去的数据调查出每周各天的平均顾客数，就能得出对应的每天基准顾客数。然后考虑特价销售的力度、天气、竞争店铺的情况等因素，对这一基准顾客数进行修正，得出预测顾客数。

对预测顾客数不确定的负责人要询问店长。店长即使不能预测豆腐的订购量，也能以相当高的精度预测出顾客数。

例如，假设预测顾客数为 2100 人，价格设定为 78 日元，这时的 PI 值为 55，则可以得出预测销售为 $2100 \div 1000 \times 55 \approx 116$ 个。

如果前一天有结转商品，扣除结转后为订购量。在这里结转数为 10 个，订购量为 $116 - 10 = 106$ 个。

这样得出的订购量还须再次与上周或前几天的数据进行比较确认。

（白部和孝）

进行合理订购的 5 个要点

要想进行合理订购，必须完善订购环境，使订购规范化。
以下是进行合理订购的 5 个要点。

努力专注于"主体工作"

订购工作可分为前期工作、主体工作和后期工作。

前期工作是指主体工作的准备、安排等。

例如，订购终端、订购账本的准备，地区活动信息的收
集，竞争店铺信息的整理，特价销售、限量销售信息的整理，
库房的库存整理等（表 3-1）。

表 3-1 订购的主要前期工作

对订购终端、订购账本、订购用具、备用品等进行定位管理。
整理特价销售、限量销售等本公司的促销日程。
整理竞争对手的促销信息。
整理地区的活动信息。

（续表）

收集到货日的天气信息。
管理库房库存，以便于确认。
确认能够与其他部门竞争的商品、关联销售的商品。
整理预算、销售计划、销售额业绩。
掌握缺货商品、扩大销售的候补商品。

　　主体工作是指考虑各种各样的条件，预测销售量，决定订购数量的工作。

　　后期工作是指订购数据的发送、器械订购、备用品的后期整理等。

　　要想专注于主体工作，非常重要的一点是不要将前期工作和主体工作混为一谈。

消除订购时的小失误

　　缺货的最大原因是销售预测失误。比起供货商缺货，预测失误引起缺货的情况更多。其中也有因不小心而引起的失误（表3-2）。

表3-2　订购时的主要失误

未注意到订购日期和时间导致未完成订购。
太忙碌而忘记订购。
虽进行了订购，但遗漏某一商品而未订购。
订购量输入错误。
修正了输入的订购量，但终端未识别。

已扫码，但终端未识别。
本该发送的数据未发送。
忘记订购账本、EOB 系统的登录和修正。
弄错反映命令变更数据的时间，未显示在账本和 EOB 系统中。

这样的失误，多数可以通过明确订购程序及工作日程得到解决。

将订购程序规范化

将订购的程序规范化，可以消除单纯的失误。

首先，要决定前期工作的顺序。前期工作应按照如下顺序进行信息整理。

①特价销售、限量销售等公司促销计划的整理（若有订购账本，则将计划记入到订购账本中）；

②竞争店铺的促销信息的整理；

③地区活动信息的整理；

④到货日天气信息的收集；

⑤与其他部门竞争的商品、关联销售的商品有无的确认；

⑥预算、销售计划、销售额业绩的整理；

⑦缺货商品、扩大销售的候补商品的掌握。

对于信息整理，需要明确项目、顺序及方法（或记入订购账本或整理在笔记本上）。

其次，要进行库存确认。

我们需要明确是先确认库房还是卖场，从上下左右哪里开始计数，以及库存数量的记录方法。

这里必须注意的是订购账本、EOB 系统中记录的商品顺序与卖场中商品陈列顺序不同的情况。我们必须事先检查好哪些商品是不同的。

最后是输入工作。

每种商品要经过扫码（滚动）、数量输入、输入检查等固定顺序，力求有节奏地完成订购工作。发送过程也需要在决定好联系、发送、检查顺序后再进行。

考虑便利性与鲜度的库存管理

库存的保存方法是更容易确定订购量的关键。具体的保存划分依据为：①温度；②销售方式；③品种；④到货日期；⑤包装形态。

①中的按温度划分是为了维持品质和进行商品管理，按照合适的温度进行的划分。通常分为常温、冷藏、冷冻三类。

②中的按销售方式划分意在对基本商品、特价销售商品、限量销售商品、季节商品等进行分类保存。目的是订购时也能考虑到特价销售对基本商品的影响。

这种划分设定一般比③中的品种划分高一等级。

③中的按品种划分是为更容易找到商品而进行的划分，

决定好易于理解的分类，用图示板等来标明。

④中的按到货日期划分是为保持鲜度，遵循先入先出原则所必需的划分。负责人需要养成在箱子上记录到货日期的习惯。

⑤中的按包装形态划分是以整箱与开箱进行划分。这是为保持商品鲜度，优先出售已开箱商品而进行的划分。

提高订购精度的数据化

基本商品 A 商品、特价商品、限量商品、活动用商品、季节商品等大量销售的、重点的商品，每一件都要详细记录以下几点：①订购量；②销售量；③销售方式；④缺货状态；⑤减价/废弃亏损；⑥对销售量有影响的假定条件（天气、竞争店铺、活动、竞争商品等）。

基本商品 A 商品、特价商品、限量商品、活动用商品、季节商品的不同在于记录时机的不同。

对于基本商品 A 商品，要以周为单位记录每天的数据；特价商品、限量商品、活动用商品，要以每个活动期间来记录；季节商品，则要以上市期间来记录。

（木村博）

实现食品杂货库存最合理化的技术

库存有两个关键点：一是卖场面积，二是销售额。

卖场面积大则库存增加，销售额增加则库存增加。计算库存与卖场面积关系的单位是"库存/坪"，计算库存与销售额关系的单位是"商品流通率"。

商品流通率通过"销售额÷平均库存"得出。平均库存一般为"（期初库存+期末库存）÷2"。

商品流通率为 12 次周转时，表示 1 年中进行 12 次商品更换。商品流通率越高，库存效率越高。

商品流通率相关的指标中有一项"库存天数"，它由"365 天÷商品流通率"算出。

例如之前的例子，365 天÷12 次周转≈30 天的库存天数，表示这一商品 30 天售罄。也就是说，这与 1 年 12 次周转的商品流通率是一致的。

库存控制的 5 个阶段

控制是为了达成目的。课长的库存控制目标是"合理的库存"。库存的多少通过与合理库存进行比较后得出。

库存控制必须先对现状进行调查分析，从设定符合自身店铺情况的合理库存开始。然后将自身店铺的库存和合理库存进行比较，从中明确问题点，根据问题点寻找原因。从卖场的角度挖掘原因并制订改善策略。

库存控制的阶段如图 3-6 所示。

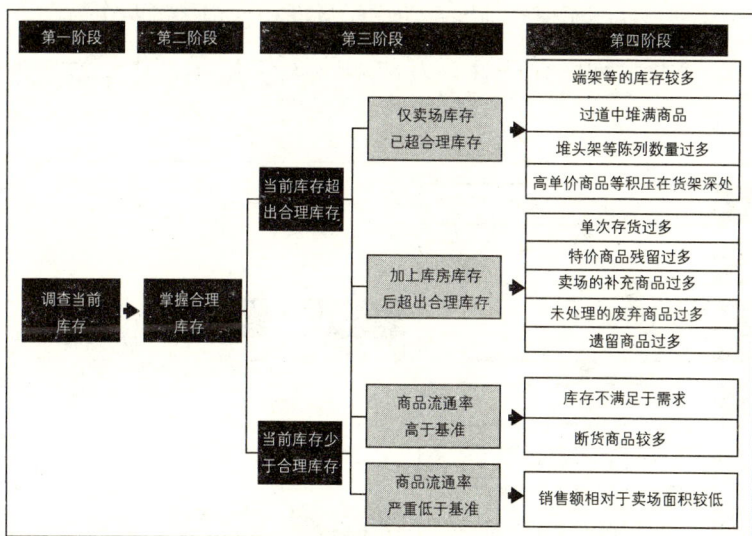

第一阶段	第二阶段	第三阶段		第四阶段
调查当前库存	掌握合理库存	当前库存超出合理库存	仅卖场库存已超合理库存	端架等的库存较多
				过道中堆满商品
				堆头架等陈列数量过多
				高单价商品等积压在货架深处
			加上库房库存后超出合理库存	单次存货过多
				特价商品残留过多
				卖场的补充商品过多
				未处理的废弃商品过多
				遗留商品过多
		当前库存少于合理库存	商品流通率高于基准	库存不满足于需求
				断货商品较多
			商品流通率严重低于基准	销售额相对于卖场面积较低

图 3-6　库存控制的阶段

第一阶段的实情调查可以在货架盘货时进行。各个货架应该都会进行盘货。只要了解各个货架的库存，便能得出各个货架的商品流通率。

另外，卖场库存与库房库存会分开盘货，所以希望大家能分开统计。如果可以，最好列举出持有库房库存的原因，通过区分标记原因，分别统计各库房库存的原因。

如果在盘货的同时进行调查，便能在每次盘货时检查改善效果。

第二阶段是掌握合理库存。

库存与卖场面积、销售额这两个要素有着密切关系。无论销售额有多少，卖场面积大的话，就必须备有相应的库存。也就是说，合理库存必须综合考虑卖场面积与销售额两个方面。

卖场合理库存的计算方法如图 3-7 所示，共分为 7 个步骤。

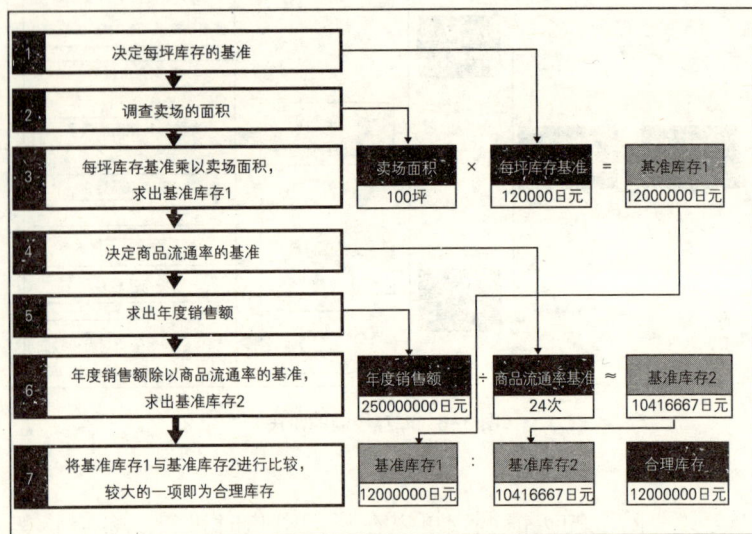

图 3-7　合理库存的计算方法

①决定每坪库存的基准；

②调查卖场的面积；

③每坪库存基准乘以卖场面积求，出基准库存 1；

④决定商品流通率的基准；

⑤求出年度销售额；

⑥年度销售额除以商品流通率的基准，求出基准库存 2；

⑦将基准库存 1 与基准库存 2 进行比较，较大的一项即为本店铺的合理库存。

由于杂货与加工食品区域专柜上常常塞满商品，因此每坪库存是生鲜部门的数倍。

假设加工食品的卖场面积为 100 坪。如果每坪库存基准为 12 万日元，则基准库存 1 为 100 坪×12 万日元＝1200 万日元。

另一方面，假设商品流通率的基准为 24 次流通，年度销售额（预算）为 2.5 亿日元，则基准库存 2 为 2.5 亿日元÷24 次流通≈1041 万日元。

将基准库存 1 与基准库存 2 进行比较，基准库存 1 为 1200 万日元，数值更大，所以该店加工食品的合理库存为 1200 万日元。

第三阶段为寻找自家店铺库存的问题点。首先，将合理库存作为标准，与当前库存进行比较。

比较的结果分为两大类（图 3-6）：①当前库存超出合理库存；②当前库存少于合理库存。

当前库存超出合理库存的问题点可进一步分为仅卖场库存超出合理库存的情况，以及卖场库存加上库房库存后超出合理库存的情况。两种情况的问题性质不同。这时，卖场库存和库房库存的调查将发挥作用。

例如，假设当前库存为卖场库存1300万日元、库房库存150万日元，仅卖场库存已超出1200万日元的基准，这表明卖场库存自身存在问题。如果卖场库存为1200万日元、库房库存为150万日元，则150万日元的库房库存为过剩部分。

另一方面，即使当前库存少于合理库存，也并不表示这个部门没有问题。因为也有由于库存过少引发问题的案例。

这时，要与商品流通率这一基准进行比较。基准商品流通率为24次，如果实际商品流通率为30次，则较少出现库存高流通的情况，这会造成断货等问题的发生。

反之，如果实际商品流通率远低于基准15次，则单位卖场面积的销售额较小，也许需要对卖场面积进行政策性的调整（缩小面积）。

对比合理库存，明确问题点

第四阶段是探索问题点出现的原因，第五阶段是讨论与实施改善对策。对于原因的探索与改善，在此列举课长用于削减卖场库存与库房库存的两种对策。

卖场库存的削减过程如图 3-8 所示。

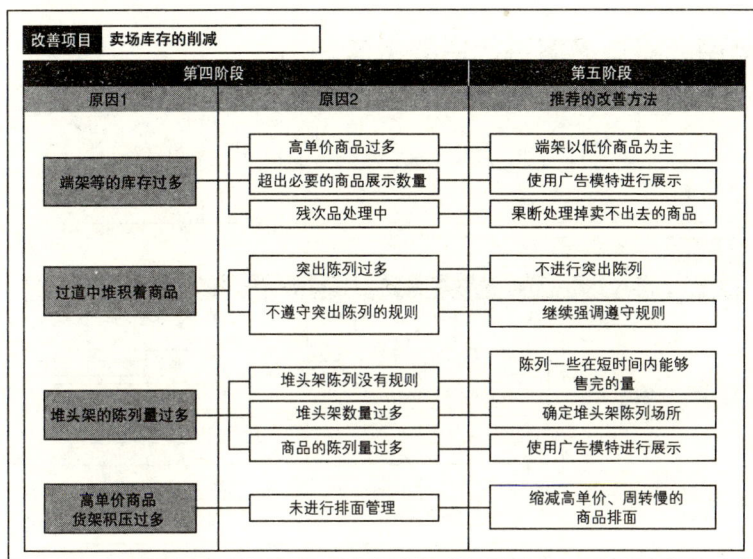

改善项目 卖场库存的削减		
第四阶段		**第五阶段**
原因1	原因2	推荐的改善方法
端架等的库存过多	高单价商品过多	端架以低价商品为主
	超出必要的商品展示数量	使用广告模特进行展示
	残次品处理中	果断处理掉卖不出去的商品
过道中堆积着商品	突出陈列过多	不进行突出陈列
	不遵守突出陈列的规则	继续强调遵守规则
堆头架的陈列量过多	堆头架陈列没有规则	陈列一些在短时间内能够售完的量
	堆头架数量过多	确定堆头架陈列场所
	商品的陈列量过多	使用广告模特进行展示
高单价商品货架积压过多	未进行排面管理	缩减高单价、周转慢的商品排面

图 3-8　各原因下卖场库存的削减过程

卖场库存过剩的原因分为四大类：①端架的过剩库存；②过道突出陈列；③堆头架使用过多；④货架商品积压过多。为何会发生这些情况呢？其中的原因隐藏于深处，只有深入挖掘原因才能找到具体的解决对策。

例如，端架库存过多是由于高单价商品大量陈列在端架引起的。螃蟹罐头、油、咖啡等长期陈列在端架，库存便会急剧增加。

另外，因陈列技术不成熟，模特（半身模特等）使用不当引发的库存增加情况也很多。卖不出去的商品滞留在库存中，也会降低库存效率。

运用商品流通率进行货架管理

图 3-9 总结了库房库存过剩的原因与改善对策。

改善项目	库房库存的削减		
第四阶段			第五阶段
原因1		原因2	推荐的改善方法
单次存货过多		有时为到货日	次日前在卖场上架即可
		到货集中在特定的日子	到货日分开，实现均衡
		特价商品过早、过量进货	发售日1、2天前交货
特价商品残留过多		特价商品订购失误	停止配送，勤于修正
		成本下降大量进货	禁止特价活动以外的订购
卖场的补充商品过多		订购单位过大	缩小订购单位
		排面狭小	扩大畅销产品的排面
		订购错误导致的进货过多	防止重复订购、输入错误
未处理的废弃商品过多		处理方法不彻底	指示进行降价、调货、退货
遗留商品过多		时令商品订购错误	指示进行降价、调货、退货

图 3-9　各原因下库房库存的削减过程

库房库存过剩的原因分为五大类：①短时间存货过多；②特价商品残留过多；③卖场的补充商品过多；④未处理的废弃商品过多；⑤遗留商品过多。对改善对策讨论越深入，越会发现这些与卖场库存的紧密关系，也必然涉及商品品种这一库存质量问题。

例如，课长如果想减少补充商品，就要增加这一商品的陈列空间。想扩大陈列空间，必须减小其他商品的陈列空间或直接下架其他商品。扩大何种商品的陈列空间，下架何种商品，这与改善商品品种密切相关。

各货架的库存可在盘货时编上货架号进行统计。如果将货架位置的信息系统化，可以使用 POS 获取各货架的销售额。获取各货架的库存与销售额后，可以明确各货架的商品流通率。

图 3-10 表示了各货架的商品流通率，并按商品流通率的高低进行了重新排序。

货架编号	类别	销售额（月计）		盘货库存		项目数	库存天数	商品流通率（次）	基准流通率（次）		
		金额（日元）	个数	金额（日元）	个数						
1404	杯装面	198688	1683	27638	183	23	4	86	50	高流通商品	扩大陈列空间
1592	饮料	220911	1120	46928	221	7	6	56	50		
1104	果汁	681901	4819	170576	1170	96	8	48	50		
1454	砂糖、奶粉	141335	443	39972	124	20	9	42	50		
1405	杯装面	93801	730	26783	206	22	9	42	50		
1158	饮料	153583	923	56236	408	27	11	33	30	一般商品	
1453	咖啡、红茶	303214	672	125122	319	44	13	29	30		
1603	蛋黄酱	118971	527	72868	324	40	19	20	30		
1402	意面、意面酱	115953	761	72579	321	34	19	19	20		
1106	冷冻食品	282222	1340	179446	675	50	19	19	20		
1462	砂糖、盐	87666	498	63396	338	34	22	17	20		
1601	酱油	127116	632	93777	316	35	22	16	20		
1653	豆酱	108255	220	89788	162	36	25	14	20		
1501	咖喱酱	134365	643	112184	493	61	25	14	20		
1406	方便面	155344	981	130473	686	27	25	14	20		
1681	端架	166833	992	147962	760	30	27	14	20		
1552	干货	99693	374	88448	354	47	27	14	20		
1506	茶	135334	314	133051	255	30	30	12	15	低流通商品	缩小陈列空间
1554	海苔、芝麻、豆子	79918	423	82745	391	49	31	12	15		
1602	醋、色拉调料	84176	294	91712	260	41	33	11	15		
1502	速食咖啡	84199	476	94396	407	50	34	11	15		
1403	面、瓶装甜烹调味	97290	435	113264	438	40	35	10	15		
1451	罐头	88341	426	139228	561	75	48	8	15		

图 3-10　各货架的商品流通率

并不是商品流通率越高越好。商品流通率较高的话，会导致以下问题：①容易发生断货；②库房库存成为必须；③订购和补充频率增加；④卖场混乱。

另一方面，商品流通率过低的话，会导致以下问题：①资金效率变差；②商品鲜度恶化；③耗费库存维持费用等。关键在于保持库存和销售额，使其能够维持基准商品流通率。

运用商品流通率能确定各商品的货架陈列方式。其方法如图 3-11 所示。

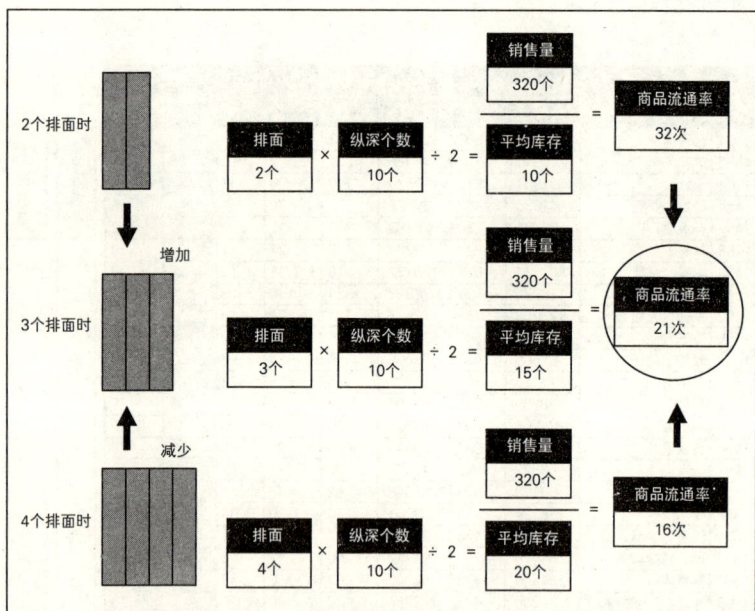

图 3-11　根据商品流通率进行的排面调整

某商品年度销售 320 个，货架陈列方式为 2 个排面时，平均库存为 10 个，商品流通率为 320÷10＝32 次。如果变更为 3 个排面，则平均库存为 15 个，商品流通率为 320÷15≈21 次。同理，4 个排面为 16 次流通。使商品流通率接近于基准的排面个数即为最高效的货架陈列方式。

（白部和孝）

第 **4** 章

PI 值与混合加价的灵活运用方法

　　课长的任务是使用数字控制人和物，实现销售额与利润的最大化。本章中提出了灵活运用 PI 值与混合加价这一有较高实效性的改善策略。

正确的售价决定方法

如何才能增加客源，增加销售额，这是人人都煞费苦心的事情。

提高销售额的原则只有一个，就是"优质、低价"。这也是亘古不变的商业销售法则。可是一般优质的东西都价高，需要很大的努力才能实现低价销售。

我们既要注意到消费者的变化，又要有一双鉴别优质商品的眼睛。另外，我们还必须寻找新的合作伙伴，构建新的进货渠道。

换一个角度，我们必须重新审视流通机制。

然后，当实现物美价廉的销售时，店铺的努力会获得良好口碑，顾客自然会进店消费。

售价的意义有以下三点：

①商品的价值满足顾客需求；

②确保利润，店铺持续运营；

③战胜竞争对手。

在设定售价时，让顾客感到超值与满意十分重要。另一方面，售价中包含必要的费用及维持经营的利润成本，但如果最终售价高于竞争对手，顾客会避而远之。

售价的设定方式有三种：

①累加方式

本方法是在成本的基础上，加上必要的毛利、可能发生的损失（降价、废弃）、消费税等，来设定售价。

必要的毛利一般使用目标毛利率的概念。当出现降价、废弃等损失时，毛利会减少。因此为了填补可能出现的损失，其必须包含在售价中。这时，我们需要使用损失率与基准值的概念。

无论价格多么吸引人，如果无法确保预定的毛利率，会给经营造成很大的负担。在这一点上，累加方式得出的售价可以确保预定的毛利，可以说是店铺良好运作中必不可少的售价设定方式。

②竞争对手比较方式

成本 100 日元的商品通过累加方式定价为 150 日元（含税）时，这一售价中包含了必要的毛利、损失补偿与消费税。也就是说，这是以满足销售方的需求来定价的。

但是，当竞争对手将同样的商品以 145 日元的价格出售时，多数顾客会前往竞争对手处购买。因此，为了与竞争对手竞争，自家店铺要定价为 138 日元。这就是以与竞争对手相比较的方式来设定售价。

但是，并不是所有商品都能与竞争对手竞争，否则会难以达到预定毛利。也就是说，以这种方式定价仅限于部分商品，诸如畅销商品、店铺特色商品、店铺强化商品等。

另外，如果难以达到毛利预算，则需要用到累加方式和混合加价方式。

③消费者价值方式

在前面的例子中，为与竞争对手竞争，如果定价为 138 日元，则通常认为商品会畅销。但实际情况未必如此。问题在于顾客是否认可这一商品值这个价格。

如果顾客认为这一商品的价值只有 120 日元，那么以 138 日元的价格也卖不出去。因此，定价必须接近于顾客认为物有所值或物超所值的价格。消费者价值方式就是通过与消费者认可的价值相比较设定售价的方法。

比起批发商、制造商，零售业更接近消费者，因此其最能了解消费者需要怎样的商品、怎样的品质和价格。

因此，消费者价值方式最应该应用于 PB（Private Brand，自有品牌）商品的开发。在 PB 商品开发中，零售业也承担了制造商的风险，通过降低商品成本，售价迎合了消费者价值的同时，还可以确保利润。

那么，哪一种方式更正确呢？结论是每一种都正确。最重要的是设定售价时不能单独依赖某一种方式，而应将三种方式结合起来。

售价是如何构成的?

售价的构成如下（图4-1、图4-2）。

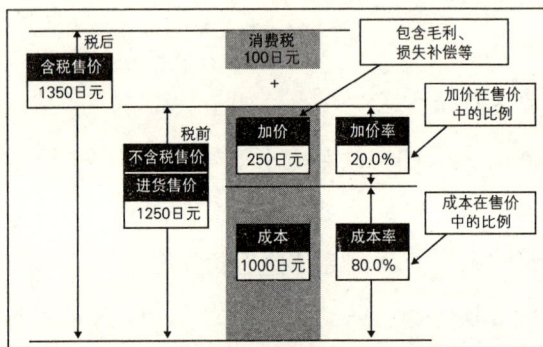

图4-1 加价与加价率

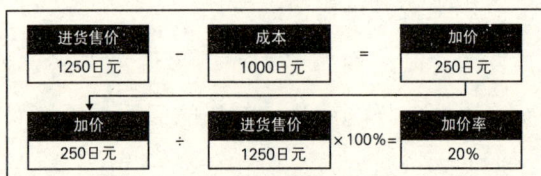

图4-2 加价率的计算

商品有进货成本（以下记作成本）与进货售价两种价格。成本中加上必要的毛利与损失补偿等就是进货售价。进货售价由于未加消费税，所以也被称为不含税售价。

进货售价与成本的差称为加价，其由公式：

加价 = 进货售价 -（进货）成本

计算得出。

加价与进货售价之间的比称为加价率，其由公式：

$$加价率 = 加价 \div 进货售价 \times 100\%$$

计算得出。

假设成本为 1000 日元、进货售价为 1250 日元，那么加价为 1250 日元−1000 日元＝250 日元，加价率为 250 日元÷1250 日元×100%＝20%。在售价的设定中，加价率起着重要的作用。

另外，进货售价乘以消费税率可得出该商品的消费税，进货售价加上消费税即为含税售价。

如事例所示，消费税率为 8% 时，消费税为 1250 日元×8%＝100 日元，含税售价为 100 日元+1250 日元＝1350 日元。

含税售价也被称为税后价，而不含消费税的（进货）售价被称为不含税售价、税前价。

根据必要加价率求售价的方法

累加方式中，一般先确定必要的毛利率与损失率，然后求得加价率，再用这一加价率设定售价。计算看似很简单，但也有需要注意的地方。

例如，进购商品的成本为 1000 日元，希望保证 20% 的加价率时，进货售价（不含税售价）为多少呢？1000 日元×（100% +20%）＝1200 日元，这种计算方法是错误的。正确的加价率为（1200 日元 − 1000 日元）÷ 1200 日元 × 100% = 16.7%。

这是因为加价率是以进货售价为分母。成本乘以 120% 得出的售价偏小。

根据确定的成本和加价率求售价的方法有两种。

①使用成本率计算售价的方法

一种方法是通过成本率求售价（图 4-3）。

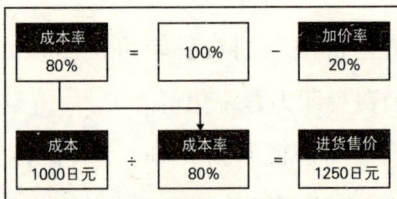

图 4-3　根据成本率计算售价的方法

根据加价率求成本率，因成本率＝100% − 加价率，所以成本率为 100% − 20% ＝ 80%。成本除以成本率得到进货售价为 1000 日元 ÷ 80% ＝ 1250 日元。对加价率进行验算，（1250 日元 − 1000 日元）÷ 1250 日元 × 100% ＝ 20%。

那么，为什么要用成本除以成本率呢？

将售价设定为 A，列出加价率的方程式为（A − 1000 日元）÷ A × 100% ＝ 20%。求解方程式，得 A ＝ 1000 日元 ÷（1 − 20%）。分母（1 − 20%）即为成本率。

②使用折扣率计算售价的方法

另一种方法是通过折扣率求售价（图 4-4）。方法一是根据成本率进行的除法运算，计算较为复杂，因此还可以考虑用成本乘以折扣率的方法。

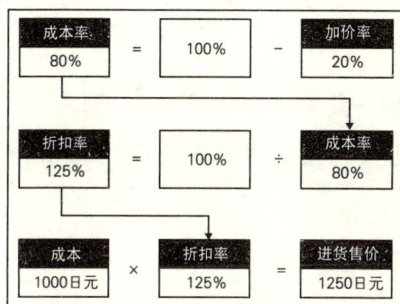

图 4-4　根据折扣率计算售价的方法

折扣率是成本率的倒数，可根据成本率计算得出。计算公式表示如下：

成本率＝100%－加价率

折扣率＝100%÷成本率

进货售价＝成本×折扣率

和前边的例子一样，成本1000日元的商品以20%的加价率求进货售价，成本率为 100%－20%＝80%，折扣率为100%÷80%＝125%，因此进货售价为 1000 日元×125%＝1250日元，得到的结果和方式 1 相同。

根据折扣率设定售价的方法常用于成本每天都在变动、售价设定频率较高的生鲜食品等商品。

售价设定是否错误？

那么该如何确定加价率呢？让我们从售价的构成来分析一下。

售价减去成本等于加价，加价必须包含经营所需的毛利与损失补偿。损失补偿是对销售时发生减价与废弃等损失的预测。

加价根据以下公式进行计算：

加价＝毛利+损失（补偿）

将包含毛利、损失补偿、消费税等的售价构成用图表示，如图 4-5 所示。

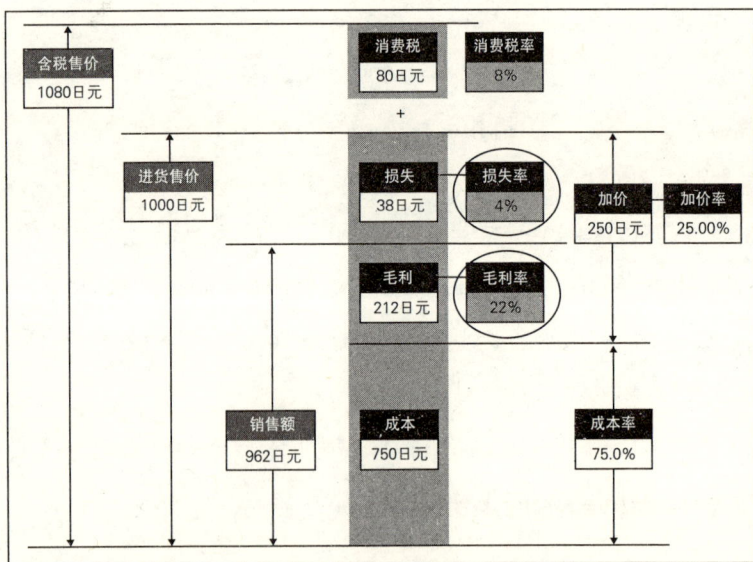

图 4-5　包含消费税和损失的售价构成

成本加上毛利和损失是进货售价，进货售价减去损失是销售额，进货售价加上消费税是含税售价，毛利与损失相加是加价。

如图 4-5 所示，假设商品的成本为 750 日元、毛利率为 22%、损失率为 4% 的条件下，计算进货售价时，首先根据毛利率与损失率求出加价率。

这时，不能用毛利率与损失率相加，即 22% +4% =26%，得出加价率。

这是因为加价率是以进货售价为分母，而毛利率和损失率是以销售完成后的销售额为分母进行计算的。分母数值不同，进行相加不会得出正确的结果。

因此，根据预定的毛利率与损失率计算正确加价率的计算公式是：

加价率 =（毛利率+损失率）÷（100% +损失率）

根据这一计算公式，正确的加价率为（22% +4%）÷（100% +4%）=25%（图 4-6）。

因此，成本率为 100% −25% =75%，进货售价为 750 日元÷75% =1000 日元，消费税为 1000 日元×8% =80 日元，含税售价等于进货售价加上消费税，为 1000 日元 +80 日元 = 1080 日元。

按累计售价能否售出商品？

用累计方式得出的售价是以销售方的理论设定的。因此

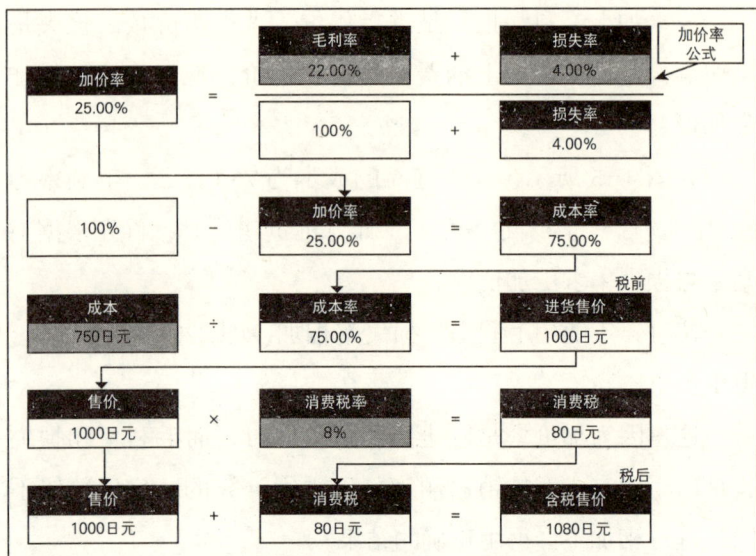

图 4-6 依据毛利率与损失率设定售价 1

实际能否售出是另一个问题。

　　例如，竞争对手如果以含税售价 980 日元进行销售，由于存在 100 日元的差价，商品很可能难以售出。因此就要考虑能否以 970 日元销售。这就是以与竞争对手比较的方式来设定售价。

　　假设损失率为 0，以含税售价 970 日元为目标，改变毛利率，其情况如图 4-7 所示，得毛利率为 16.49%，与当初的毛利率相比有大幅下降。

　　可是，即使勉强降价为 970 日元，也不清楚能否真正畅销。因为这取决于消费者是否认可这一商品值 970 日元。

如果这一商品是PB商品等战略商品，店方认为950日元的价格会吸引很多消费者购买，就应该将价格下调为950日元。这是根据消费者价值方式来设定售价。我们必须考虑售价下调时，其他能够确保毛利率的方法。

如计算公式所示，降低售价的方法有以下三种：

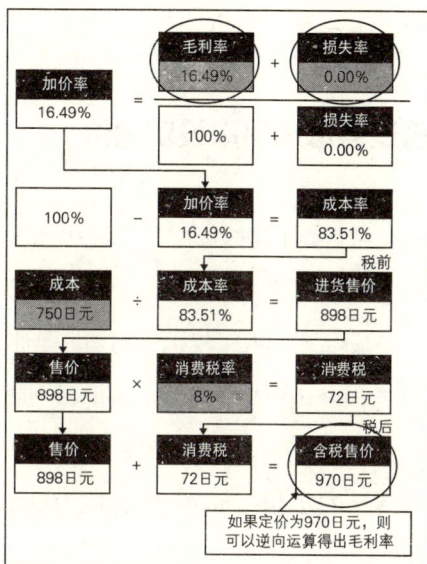

图4-7　依据毛利率与损失率设定售价2

①降低损失率；

②降低毛利率；

③降低进货成本。

第一种是提高损失管理技术，降低损失率的方法。损失管理中，必须制订计划，完善制度。

第二种是降低毛利率的方法。必须使用混合加价等方法，以保证整体毛利率不下降。

第三种是降低进货成本的方法。零售商也承担批发商、制造商的风险，必须进行降低成本的风险销售规划。以后这种方法会越来越重要。

通过考虑成品率设定售价

生鲜部门进购原料，对其加工后进行出售。这时成品率对售价会有影响。

成品率可根据以下公式进行计算：

$$成品率＝成品重量÷原料重量×100\%$$

例如，牛肉原料每块 10kg，去除多余的肥肉和筋后，成为商品的重量（成品重量）为 9kg 时，成品率为 9kg÷10kg×100%＝90%。

一般会事先确定每种原料的成品率基准，用原料重量乘以这一基准值就是成品重量。这时的售价设定顺序如图 4-8 所示。

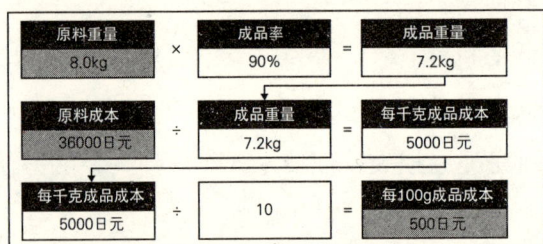

原料重量	×	成品率	=	成品重量
8.0kg		90%		7.2kg

原料成本	÷	成品重量		每千克成品成本
36000日元		7.2kg		5000日元

每千克成品成本	÷	10	=	每100g成品成本
5000日元				500日元

图 4-8　考虑成品率的售价设定

例如，假设牛肉块的成品率基准值为 90%，8kg 牛肉块的进货价格为 36000 日元时，成品重量的概算值为 8kg×

90% =7. 2kg。

原料的进货成本为 36000 日元，所以每 1kg 的成品成本为 36000 日元÷7. 2kg＝5000 日元，每 100g 的成品成本为 5000 日元÷10＝500 日元。

根据每 100g 的成品成本求出每 100g 的成品售价，用秤计量每件商品的重量，根据重量设定售价。

在生鲜部门，根据成品率的基准值进行加工、烹饪，这是实现适当毛利与售价的要点之一。

（白部和孝）

运用 PI 值改善销售额的方法

看清责任部门是否业绩不佳

销售额必须根据销售趋势（倾向）进行观察。但是，即使按月份排列，也很难判断出销售的减少或增长是这一季节特有的还是大趋势。因此，按月观察销售趋势时，最好与去年的数据进行对比。

图 4-9 按月排列出了 6 个月与去年销售额的对比，显示了从蔬果到日用品各部门的销售额、店铺总销售额、顾客人数、人均消费与去年的比值。观察时须注意以下两点：

· 不能只看自身部门，也要与其他部门或店铺总计进行比较。

· 不仅要分析销售额与上年的比，也要分析顾客人数、人均消费与上年的比。

在这一事例中，店铺整体销售额都在持续下降。为了易于看出倾向，这里用图表示了生鲜部门与店铺总计销售额与

总销售额与上年相比

部门	1月	2月	3月	4月	5月	6月
蔬果	102.0%	100.5%	101.3%	98.0%	99.5%	98.0%
肉禽	98.2%	97.5%	94.3%	92.2%	92.5%	91.0%
水产	99.8%	97.2%	100.1%		98.8%	99.4%
日配品	101.2%	100.0%	101.1%		7%	100.0%
副食品	102.3%	101.0%	105.0%		0%	104.5%
加工食品	99.1%	98.2%	98.2%	99.6%	97.8%	97.4%
日用品	97.5%	98.6%	99.5%	98.0%	97.7%	99.1%
店铺总计	100.6%	99.4%	98.6%	97.5%	97.5%	96.0%
顾客人数	100.5%	100.6%	101.0%	99.5%	100.0%	100.5%
人均消费	99.9%	98.8%	97.6%	98.0%	97.5%	95.5%

（表中批注：店铺总计比去年大幅下降）

销售额与上年对比

（图中说明：特别是肉禽大幅下跌）

图例：水产　蔬果　店铺总计　肉禽

顾客人数、人均消费与上年相比

（图中说明：虽然顾客人数与去年持平，但人均消费大幅减少）

图例：顾客人数　人均消费

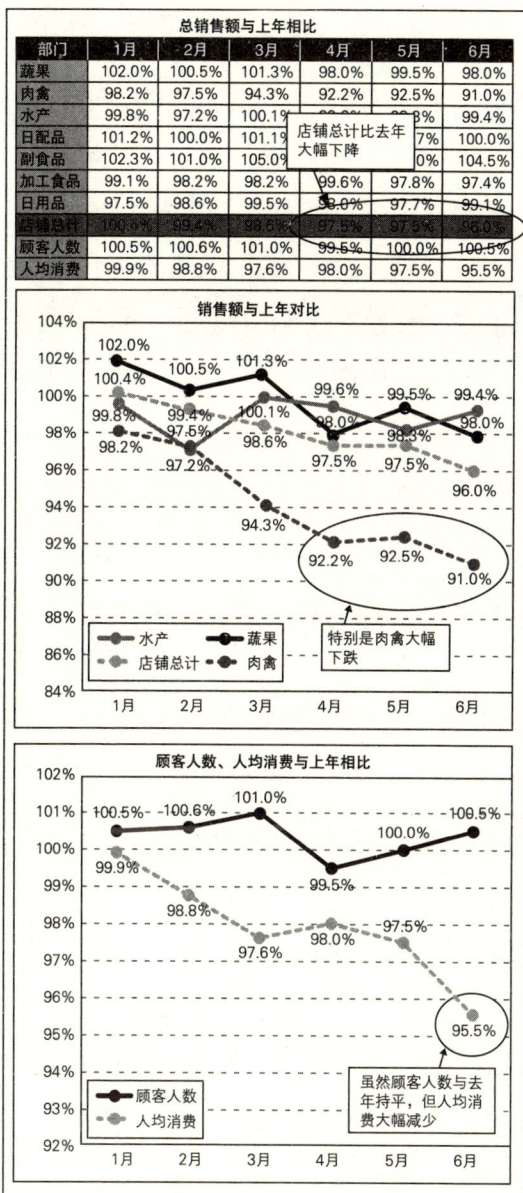

图4-9　通过与上年销售趋势相比制订销售对策

上年的比。店铺总计的上年比数据中，1月份为100.4%，但6月份跌至96.0%。这其中，肉禽部门的下跌情况很明显。

进一步从顾客人数、人均消费分别分析销售额，如图4-9所示。根据这一图表可知，店铺总计销售额的下跌是由于人均消费的大幅减少。1月份的人均消费上年比为99.9%，基本持平，但之后慢慢下跌，6月份跌至95.5%。

客流较为稳定，因此需要努力的是提高人均消费。事例中的店铺，必须趁顾客人数没有减少时，进行全体性检查，并针对业绩不佳的部门制订对策。

分析顾客人数与人均消费，提高顾客支持率

在销售分析中，根据计算公式"销售额=顾客人数×人均消费"，要分别对顾客人数与人均消费进行分析。这是因为提高顾客人数与提高人均消费的对策从根本上讲是不同的。

随着收银机技术的革新，现在也能够确定各部门的顾客人数了。

即使顾客购买了2份蔬菜，购买蔬果的顾客人数也只记为1人，而当一位顾客同时购买了肉禽与蔬菜时，蔬果与肉禽的顾客人数则各记1人。

根据某一部门的顾客人数可以计算出该部门的"支持

率"。支持率等于部门顾客人数除以店铺总计顾客人数，它表示的是到店的顾客中有百分之几的人购买了该部门的商品。

假设支持率为 0，表示顾客虽然光顾本店了，但没有买一件自己部门的商品。使用支持率这一概念可以表示顾客对本部门的评价，提高顾客的支持率可以提高销售额。

另外，与支持率相似的计算是"PI 值"。

PI 值可根据公式：

PI 值＝销售数量÷店铺总计顾客人数×1000

算出。它表示每 1000 名顾客的销售量（图 4-10）。

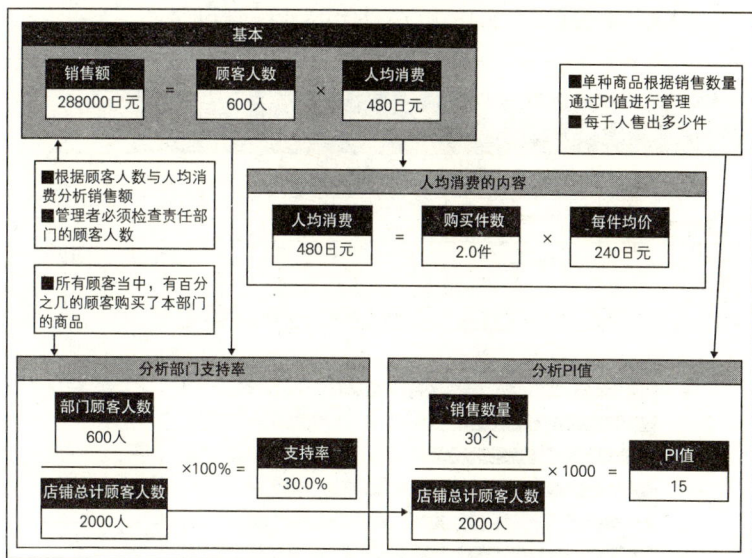

图 4-10　提高销售额的计算

PI 值可用于进一步挖掘部门支持率，查看单品的支持情况。

另外，人均消费可为"购买件数×每件均价＝人均消费"。它表示顾客平均购买了本部门多少件商品及每件商品的平均价格是多少。

分析2　是否得到了顾客的支持

根据分析 1 可知肉禽部门目前处境艰难。但是，在实施对策前，应该对当前状况进行些数据分析。

图 4-11 显示了 2015 年 6 月份的业绩详细情况。

2015年6月

部门	销售额（千日元）	销售额构成比/%	购买件数	顾客人数	支持率	人均消费（日元）	人均购买件数	每件均价（日元）	不支持顾客人数	不支持率
蔬果	22500	15.3	166463	47560	65.0%	473	3.5	135	25611	35.0%
肉禽	18000	12.2	59020	31324	42.8%	575	1.9	305	41847	57.2%
水产	24000	16.3	62195	36585	50.0%	656	1.7	386	36586	50.0%
日配品	31500	21.4	135365	36585	50.0%	861	3.7	233	36586	50.0%
副食品	10500	7.1	23560	10243	14.0%	1025	2.3	446	62928	86.0%
加工食品	30000	20.4	245487	40243	55.0%	745	6.1	122	32928	45.0%
日用品	10500	7.1	53268	20487	28.0%	513	2.6	197	52684	72.0%
店铺总计	147000	100.0	745358	73171	100.0%	2009	10.2	197	0	0.0%

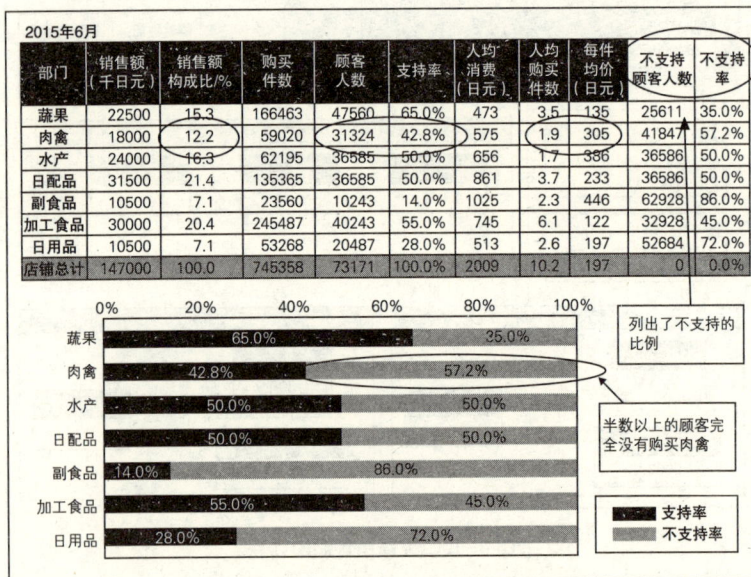

列出了不支持的比例

半数以上的顾客完全没有购买肉禽

图 4-11　是否得到了顾客的支持

根据图 4-11 可知，肉禽部门的销售额构成比虽低于其他生鲜部门，但购买的顾客人数为 31324 人。人均购买件数为 1.9 件，每件均价为 305 日元。

虽然该店的肉禽部门每件均价低于其他公司（一般为 380 日元），但购买件数绝对不低。因此，为了提高销售额应该研究如何提高每件均价，但实际上提高每件均价并非易事。这是因为虽然可以采用增加重量提高每包均价或增加高品质商品的种类等办法，但这些对策未必符合顾客的需求。

在此应该探讨一下支持率。

如前文所述，支持率等于部门顾客人数除以店铺总计顾客人数。这里，31324 人 ÷ 73171 人 = 0.428，即支持率为 42.8%。反过来则表示不支持的顾客比例，该店的肉禽卖场不支持人数为 41847 人，比例为 57.2%。

前来光顾店铺的贵客中有半数以上在肉禽卖场没有购买任何商品，这是业绩不佳的根本性原因。肉禽部门的支持率明显低于其他部门。

这一问题按时间序列的变化来看更为具体。

如图 4-12 与图 4-13 所示，肉禽部门虽然部门顾客人数、人均消费都在下降，但随着每件均价大幅跌落至 305 日元，购买件数高于去年，这有利于提升人均消费。问题是支持率每个月都略低于去年，6 月跌幅已超过 1.6%。

销售额趋势分析表		卖场名				肉禽
	1月	2月	3月	4月	5月	6月
销售额（去年，千日元）	17413	17395	21739	21150	22703	19780
销售额（今年，千日元）	17100	16960	20500	19500	21000	18000
销售额上年比	98.2%	97.5%	94.3%	92.2%	92.5%	91.0%
毛利率（去年）	23.5%	24.0%	25.5%	25.0%	24.3%	24.0%
毛利率（今年）	23.7%	23.8%	24.6%	24.8%	24.5%	24.2%
毛利率年度差	0.2%	-0.2%	-0.9%	-0.2%	0.2%	0.2%
部门顾客人数（去年）	28916	29600	33400	34288	35620	32324
部门顾客人数（今年）	29400	28965	32650	33520	34957	31324
部门顾客人数上年比	101.7%	97.9%	97.8%	97.8%	98.1%	96.9%
人均消费（去年，日元）	602	588	651	617	637	612
人均消费（今年，日元）	582	586	628	582	601	575
部门人均消费上年比	96.6%	99.6%	96.5%	94.3%	94.3%	93.9%
件数（去年）	49650	51280	59210	59445	66100	58200
件数（今年）	50100	49650	58700	60120	65420	59020
件数上年比	100.9%	96.8%	99.1%	101.1%	99.0%	101.4%
每件均价（去年，日元）	351	339	367	356	343	340
每件均价（今年，日元）	341	342	349	321	321	305
每件均价上年比	97.3%	100.7%	95.1%	91.2%	93.5%	89.7%
购买件数（去年）	1.72	1.73	1.77	1.73	1.86	1.80
购买件数（今年）	1.70	1.71	1.80	1.79	1.87	1.88
购买件数年度差	-0.01	-0.02	0.03	0.06	0.02	0.08
支持率（去年）	45.2%	45.5%	47.0%	47.2%	43.2%	44.4%
支持率（今年）	47.5%	44.3%	45.5%	46.4%	42.4%	42.8%
支持率年度差	0.5%	-1.2%	-1.5%	-0.8%	-0.8%	-1.6%
店铺总计顾客人数（去年）	64010	65050	71113	72663	82460	72807
店铺总计顾客人数（今年）	64330	65440	71824	72300	82460	73171
顾客人数上年比	100.5%	100.6%	101.0%	99.5%	100%	100.5%

部门顾客人数与去年的比值

虽然件数有所增加，但每件均价大幅下降

支持率每月下降

图 4-12　业绩不佳部门销售额的详细内容

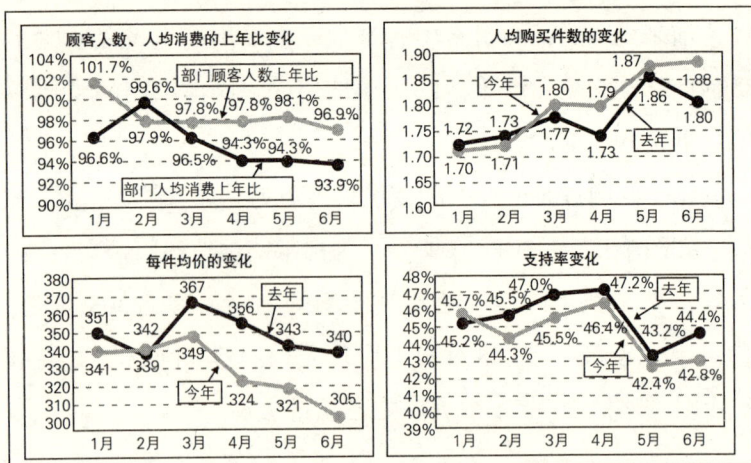

图 4-13　肉禽部门的销售额变化情况

PI 值是表示商品与顾客人数关系的数值。运用 PI 值可在销售数据基础上对卖场的实际业绩进行深入分析。可以从类别和时间数列两个角度进行分析。

图 4-14 是烤肉调料各月份的销售业绩。

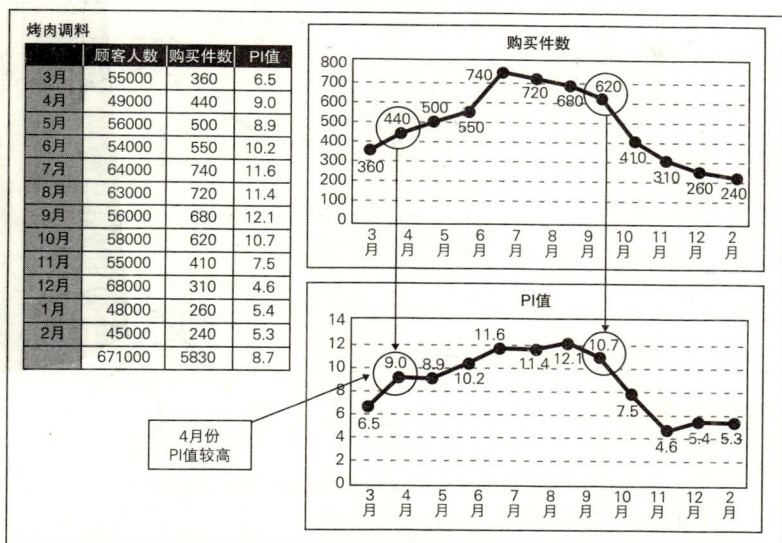

烤肉调料	顾客人数	购买件数	PI值
3月	55000	360	6.5
4月	49000	440	9.0
5月	56000	500	8.9
6月	54000	550	10.2
7月	64000	740	11.6
8月	63000	720	11.4
9月	56000	680	12.1
10月	58000	620	10.7
11月	55000	410	7.5
12月	68000	310	4.6
1月	48000	260	5.4
2月	45000	240	5.3
	671000	5830	8.7

图 4-14　通过 PI 值检查各月份的销售数量变化

从烤肉调料的购买件数上来说，夏季与冬季相比有很大变化。其销量从 4 月左右起渐渐增加，7、8 月时达到最大值，相反在 10 月左右开始减少，11 月时剧减。

但是 PI 值的变化与购买件数不同。PI 值 3 月时为 6.5，4 月时迅速上涨至 9.0，顾客的支持率在快速上升。

夏季虽然购买件数上升缓慢，但 PI 值在短时间内迅速上升，所以该店铺 4 月起便应该准备好烤肉调料，扩大销售机会。

图 4-15 是水产部门各时间点的销售业绩。

该卖场傍晚的高峰较晚，顾客人数与购买件数 17 点左右达到最大值，但 PI 值在 16 点左右最高。与顾客人数和购买件数相比，

时间	店铺总计顾客人数	销售额（日元）	水产		
			购买件数	PI值	每件均价（日元）
10点	140	18000	45	321	400
11点	200	52000	123	615	423
12点	175	23000	64	366	359
13点	140	21000	51	364	412
14点	160	32000	77	481	416
15点	200	44000	98	490	449
16点	220	58000	138	627	420
17点	300	73000	171	570	427
18点	280	48000	115	411	417
19点	255	37000	86	337	430
20点	190	23000	61	321	377
	2260	429000	1029	455	417

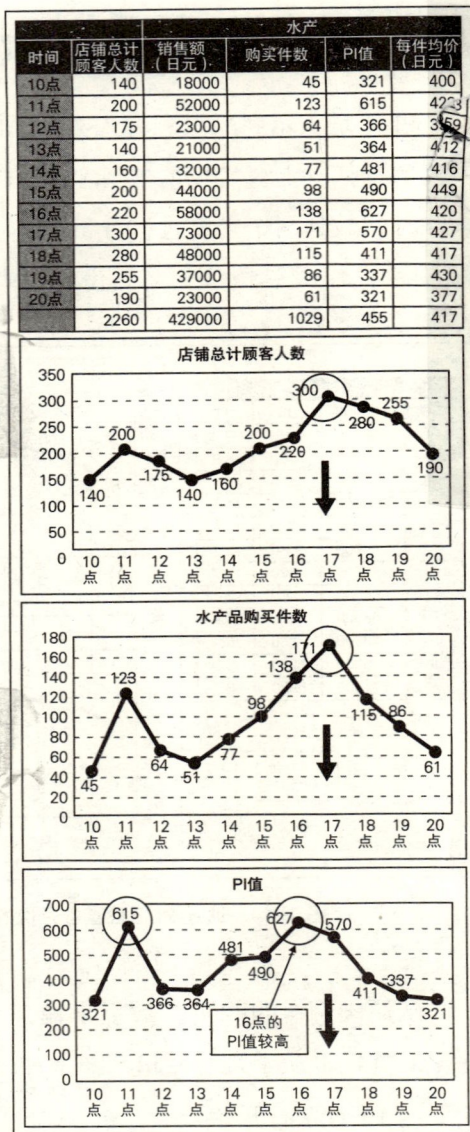

店铺总计顾客人数

水产品购买件数

PI值

16点的PI值较高

图 4-15　购买件数与 PI 值各时间点的分析

顾客对鲜鱼部门的支持将会早 1 小时达到最大值，因此该卖场 16 点左右便应该准备好商品，以扩大销售机会。

无论是何种情况，只看顾客人数无法完全了解情况。通过 PI 值再次检查顾客人数和购买件数的最大值就能发现有效的备货时机。

PI 值的三种运用方法

请参照图 4-16 的公式 A。购买件数为 30 件，顾客人数为 2000 人时，求出 PI 值为 15。

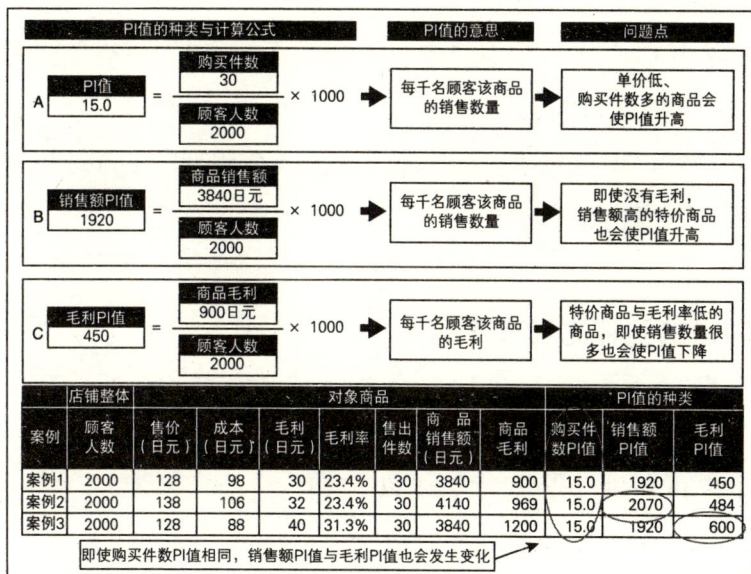

	PI值的种类与计算公式				PI值的意思		问题点
A	PI值 15.0	=	购买件数 30 / 顾客人数 2000	× 1000 →	每千名顾客该商品的销售数量	→	单价低、购买件数多的商品会使PI值升高
B	销售额PI值 1920	=	商品销售额 3840日元 / 顾客人数 2000	× 1000 →	每千名顾客该商品的销售数量	→	即使没有毛利，销售额高的特价商品也会使PI值升高
C	毛利PI值 450	=	商品毛利 900日元 / 顾客人数 2000	× 1000 →	每千名顾客该商品的毛利	→	特价商品与毛利率低的商品，即使销售数量很多也会使PI值下降

	店铺整体	对象商品							PI值的种类		
案例	顾客人数	售价（日元）	成本（日元）	毛利（日元）	毛利率	售出件数	商品销售额（日元）	商品毛利	购买件数PI值	销售额PI值	毛利PI值
案例1	2000	128	98	30	23.4%	30	3840	900	15.0	1920	450
案例2	2000	138	106	32	23.4%	30	4140	969	15.0	2070	484
案例3	2000	128	88	40	31.3%	30	3840	1200	15.0	1920	600

即使购买件数PI值相同，销售额PI值与毛利PI值也会发生变化

图 4-16　PI 值的三种类型

PI 值越高表示顾客支持率越高，商品也越容易出售。但也有 PI 值（购买件数）虽低却对销售额有贡献的高单价商品，也有 PI 值虽高却对销售额贡献较低的低单价商品。

只从购买件数来看 PI 值，可能会进行错误的商品品种储备。

以下列出的公式 B 为"销售额（金额）PI 值"。

销售额 PI 值可通过以下公式求得：

销售额 PI 值＝商品销售额÷顾客人数×1000

这就用金额表示了顾客的支持情况。

但是，销售额 PI 值也存在问题。特价销售的招牌商品，购买件数与销售额的 PI 值都很高，但我们并不知道它对毛利有多大贡献。因此，从毛利角度来看 PI 值，我们得到了公式 C "毛利 PI 值"。

图 4-16 记录了三种 PI 值的变化。需强调的一点是并不是三个 PI 值在一起使用，而是要有目的地区分使用。

PI 值的四种比较方法

我们如果能熟练运用 PI 值，就能找到卖场的具体问题。依据 PI 值进行分析的方法有以下四种：

第一种是比较店铺间的 PI 值。

虽然我们难以依据顾客人数、购买件数来比较不同规模的店铺，但依据单位顾客人数来表示销售业绩的 PI 值可以清

商品名　××牛奶1L

	1　店铺比较法	2　时间序列比较法	3　价格比较法	4　商品比较法
	学习高PI值店铺的销售技巧	掌握高PI值的月份、星期、时间，强化销售态势	将PI值变化较大的价格区间运用于价格政策中	对高PI值的商品进行重点管理

店铺	购买件数	顾客人数	PI值
A店	100	2000	50
B店	80	1200	67
C店	150	2300	65
总计	330	5500	60

月份	购买件数	顾客人数	PI值
3月	150	5600	27
4月	180	6200	29
5月	280	6300	44
6月	360	6600	55
7月	620	6800	91
8月	580	6300	92
9月	480	5900	81
10月	320	6100	52

售价	购买件数	顾客人数	PI值
198日元	26	1200	22
188日元	28	1150	24
178日元	29	1210	24
168日元	32	1160	28
158日元	36	1230	29

商品名	购买件数	顾客人数	PI值
××牛奶1L	840	30000	28
BB牛奶1L	660	30000	22
CC牛奶1L	520	30000	17
DD牛奶1L	430	30000	14
牛奶1L总计	2450	30000	82

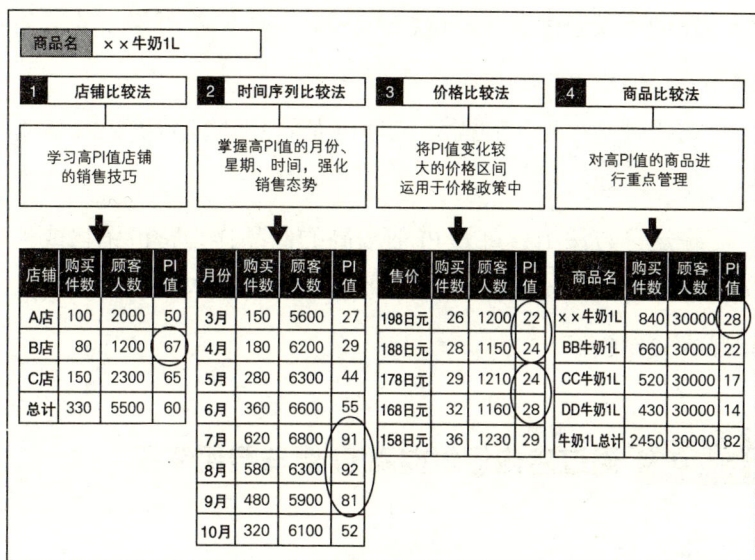

图 4-17　PI 值的四种比较方法

除店铺规模差异带来的影响。使用 PI 值，可以将 800 坪与 400 坪的店铺进行横向比较。

在店铺比较中，重要的是了解 PI 值高的店铺是如何做的，并将其销售技巧运用在其他店铺中。

第二种是依据时间序列进行比较的方法。根据月份、星期、时间等，对 PI 值的变化进行分析，瞄准高 PI 值的时机，强化销售态势。

第三种是使用 PI 值对价格不同引起的购买件数变化进行比较分析。

特价销售中价格下降后，虽然购买件数增长，但毛利减少。我们可以通过多次特价销售，找出 PI 值不再增长的价格分界点，运用于促销等价格政策中。

第四种是根据不同商品间的 PI 值进行比较分析。PI 值常用于这一方法。

在这一方法中，可将 PI 值较高的商品作为特价销售或扩大商品品种的候补商品，并将其作为重点商品在端架扩展或单品大量销售。

行动 2　通过店内促销提高 PI 值与购买件数

PI 值是为了提高购买件数的指数。

这从公式"购买件数÷顾客人数×1000＝PI 值"，也就是"购买件数＝PI 值×顾客人数÷1000"来看也很清楚。想增加购买件数，就要提高 PI 值，或增加到店顾客人数（图 4-18）。

为了提高 PI 值，我们应该加大

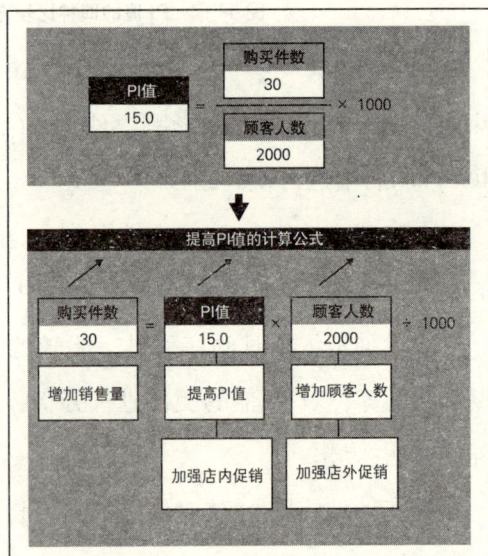

图 4-18　提高 PI 值的思维逻辑

店内促销活动的力度，激发顾客在卖场中购买更多的商品。

为了增加顾客人数，我们应该加强店外促销。努力招呼店外的顾客光临，增加到店的顾客人数。

也就是说，通过店内促销提高到店顾客的支持率（PI值），通过店外促销增加到店顾客的人数。

可以将提高 PI 值的店内促销分为三大类（图 4-19）：

①改变商品的陈列位置和方法；

②改变商品价格与销售方法；

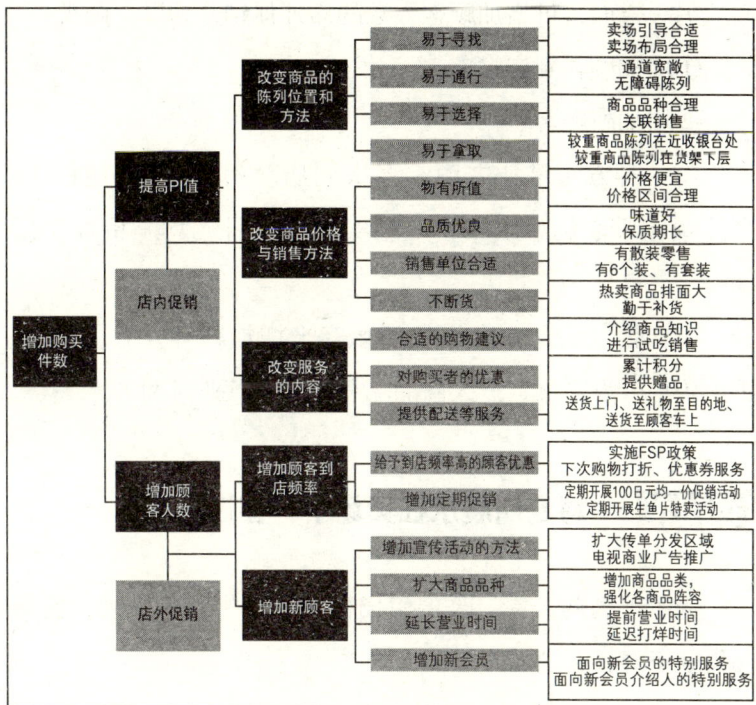

图 4-19　增加购买件数的宣传方法

③改变服务的内容。

第一种方法是便于顾客随手拿取商品。其条件是卖场易于通行，商品易于寻找、选择、拿取。

第二种方法是让顾客决定购买商品。其条件是商品品质优良、物有所值，并且数量充足、不断货。

第三种方法是让顾客感到服务周到，能心情舒畅地购物。例如，可采取对商品提出合适的购买建议、购买时给予优惠、提供商品配送等便利性服务措施。

另一方面，可增加顾客人数的店外促销分为以下两类：

①增加顾客到店频率；

②增加新顾客。

第一种方法是让老顾客多次到店。例如对到店频率较高的顾客采取优惠政策，定期实施100日元均一价促销活动等。

第二种方法是依靠增加新顾客来增加顾客人数。例如，扩大传单分发区域、扩大商品品种、延长营业时间等。

行动 3　　将商品展示在卖场中，促进购买

为了提高购买率，改善卖场标识、优化商品陈列，使商品更易于寻找，这非常重要。

卖场标识一项中，因很少有顾客看引导图示寻找商品，所以可以将图示的张贴位置调整至顾客的视线高度，提高图

示的可视性。

商品陈列一项中，可采用交叉销售规划与多位置陈列的方法。

品类分区的陈列方法，不仅增加了顾客前往各分区的时间，而且容易发生顾客忘记购买目标商品的情况，也难以获得菜单建议等信息。

促进超越部门界限的交叉销售，在提高购买率、增加顾客的便利性上十分重要。

另外，可以采用单种商品陈列在多个卖场的多位置陈列方法，提高交叉销售的效果。

例如，可以将蛋黄酱按品类分区放在原卖场，也可以进行交叉销售，陈列在什锦煎饼的关联卖场。如此进行多位置的陈列，不仅提高了购物的便利性，也提升了商品的购买率。

图4-20是多位置陈列后的购买率变化示意图。随着陈列场所的增加，购买率在三个地方同时增加，而在四个地

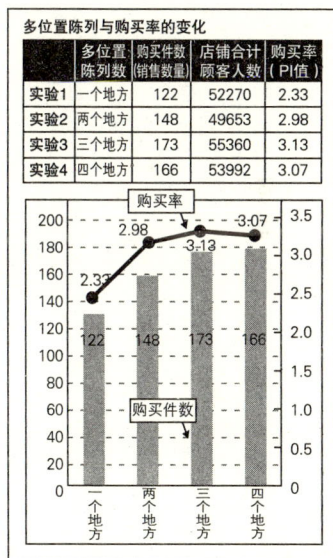

多位置陈列与购买率的变化			
	多位置 陈列数	购买件数 (销售数量)	店铺合计 顾客人数	购买率 (PI值)
实验1	一个地方	122	52270	2.33
实验2	两个地方	148	49653	2.98
实验3	三个地方	173	55360	3.13
实验4	四个地方	166	53992	3.07

图4-20　通过多位置陈列，提升购买率

方同时陈列时购买率也同时增加。

多位置陈列需要管理多个卖场，增加了员工的工作负担，因此必须事先明确适用基准：以什么样的商品为对象、对全体的百分之几进行等。

（白部和孝）

通过混合加价增加毛利的方法

分析1 掌握毛利的意义

毛利的计算方法并不难：商品的销售额减去成本等于毛利。

但实际中并不是如此简单。商品成本会随进货发生变化，因此成本必须与进货票据对应。然而，在实际操作中很难每次都确认成本。

因此在毛利的计算中，一般不是将单品的毛利相加，而是以部门合计进行计算。

最简单的方法（图4-21）是用一段时间内的销售额减去同一时期内的进货成本。其计算式为：

毛利＝销售额－进货成本

但是也不能断言这一方法就一定正确。因为依据进货，毛利会发生很大的变化。

例如，为了下期销售而进购大量商品的话，与这一期的

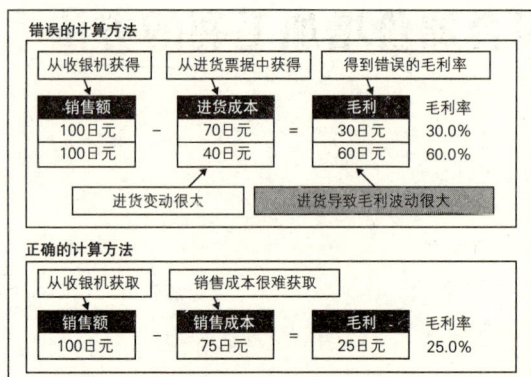

错误的计算方法		
从收银机获得	从进货票据中获得	得到错误的毛利率
销售额	**进货成本**	**毛利**
100日元	70日元	30日元
100日元	40日元	60日元

销售额 − 进货成本 = 毛利　毛利率 30.0% / 60.0%

进货变动很大　进货导致毛利波动很大

正确的计算方法		
从收银机获取	销售成本很难获取	
销售额	**销售成本**	**毛利**
100日元	75日元	25日元

销售额 − 销售成本 = 毛利　毛利率 25.0%

图 4-21　正确的毛利计算方法

销售额相比，进货额更大，毛利也可能出现负数。

因此，这一期间的正确毛利可按以下公式求得：

$$毛利 = 销售额 - 销售成本$$

销售额是基于销售成本实现的，因此销售额减去销售成本等于毛利。

在这里重要的一点是掌握正确的销售成本。销售成本按图 4-22 所示更容易理解。

即使成本相同也有许多不同的商品种类。前期末的成本是指前期末的盘货成本，即这一期的结转成本。用本期末的成本加上这一期进购的商品成本，来计算这一期的销售额。然后，减去销售成本后即为这一期末的盘货成本。

用计算式表示为：

$$销售成本 = 前期末的库存成本 + 进货成本 - 盘货成本$$

前期末库存成本即为前期末的盘货额，进货成本则可通

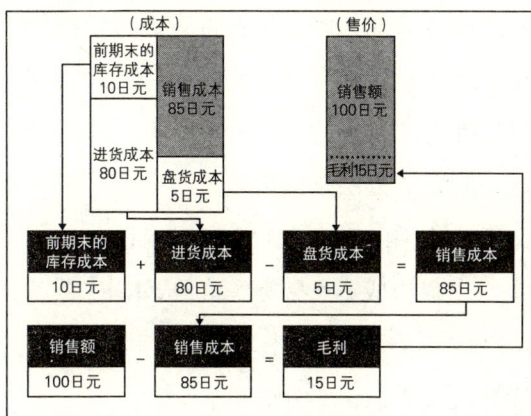

图 4-22　确定毛利的方法

过合计进货票据后求出。这两个成本的和减去这一期末剩余商品的成本即为销售成本。

对于毛利的改善对策，我们容易只注意到加价和损失，但从这一计算公式我们可以知道，实际上直接影响毛利的是盘货成本。商品余额越大，销售成本就越小，而毛利就越大。盘货日的商品余额决定了毛利。

所以资深课长会用成本法管理毛利，会一直关注商品余额。这是因为即使获取了销售额，如果商品余额少于以往，也有可能不能获得毛利。极端地来说，即使是无法售出的不良库存商品，只要在库，就有可能获得毛利。

在确定销售成本时，还存在另一个问题，即以成本进行盘货。

食品杂货与日用品等陈列在货架上的商品数量成千上万。

而这些商品的成本该如何确定呢？查看进货票据将十分麻烦，商品账本也未必十分完整。无论何种情况，种类繁多的商品要以成本盘货都有非常大的负担。

解决这一问题的办法是售价盘货。

可用盘货售价乘以成本率的方法来求得：

$$盘货成本＝盘货售价×成本率$$

之后可以按图 4-22 的顺序来计算毛利。售价只需看货架上的价格标签就会明白，十分简单。

相对于之前的"成本法"，像这样根据盘货售价计算盘货成本，然后求出毛利的方法被称为"售价还原法"。具体使用何种方法，可根据盘货是以成本进行还是以售价进行来做判断。

图 4-23 为不同类型的店铺的毛利计算方法。大致分为以下三种类型：

①所有商品均采用成本盘货的店铺；

②成本盘货与售价盘货并用的店铺；

③所有商品均采用售价盘货的店铺。

	批发类型店铺与以生鲜为主的店铺使用较多的方法	一般超市使用较多的方法	日用品与以衣料为主的店铺使用较多的方法
	类型1	类型2	类型3
生鲜	成本盘货	成本盘货	售价盘货
非生鲜	成本盘货	售价盘货	售价盘货

	成本盘货	售价盘货
毛利的计算	依据成本法	依据售价还原法
优点	能够正确地计算毛利 没有售价的原料也能轻松盘货	如果商品有价格标签则易于盘货 把握账本上的库存，即使不进行盘货也能大概算出毛利
缺点	不进行盘货就无法知道毛利	受进货内容的影响，毛利变化很大

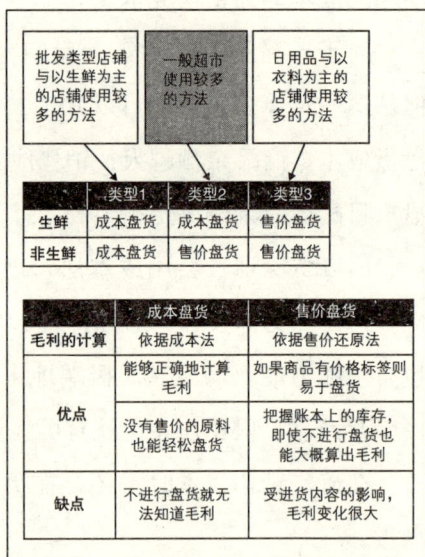

图 4-23　盘货类型与毛利的计算方法

如果只考虑改善当前的毛利率，会导致计划外的经费增加，竞争力减弱。公司应该确保自身设定合理的毛利率，谋求销售额的增加。我们看一下使用乘积的毛利（利润）混合。

图 4-24 为此前的店铺业绩（六个月）。

在这里需要注意的是，店铺的合计毛利率并不是各部门毛利率的平均值。店铺总计毛利率可通过毛利率与销售额构成比的乘积之和求得。

乘积可通过以下公式求得：

$$乘积 = 销售额构成比 \times 毛利率$$

现状

部门	销售额（日元）	销售额构成比	毛利率	乘积
蔬果	22500000	15.3%	24.0%	3.7%
肉禽	18000000	12.2%	25.2%	3.1%
水产	24000000	16.3%	25.0%	4.1%
日配品	31500000	21.4%	23.5%	5.0%
副食品	10500000	7.1%	36.0%	2.6%
加工食品	30000000	20.4%	16.0%	3.3%
日用品	10500000	7.1%	24.0%	1.7%
店铺总计	147000000	100.0%		23.4%

新政策

部门	销售额（日元）	销售额构成比	毛利率	乘积
蔬果	22500000	15.1%	24.0%	3.7%
肉禽	20000000	13.4%	24.0%	3.2%
水产	24000000	16.1%	25.0%	4.0%
日配品	31500000	21.1%	23.5%	5.0%
副食品	10500000	7.0%	36.0%	2.5%
加工食品	30000000	20.1%	16.0%	3.2%
日用品	10500000	7.0%	24.0%	1.7%
店铺总计	149000000	100.0%		23.3%

现状

部门	销售额（日元）	销售额构成比	毛利率	乘积
牛	5230000	29.1%	24.7%	7.2%
猪	4360000	24.2%	26.0%	6.3%
鸡	5530000	30.7%	25.0%	7.7%
加工肉	2100000	11.7%	24.0%	2.8%
其他	780000	4.3%	28.0%	1.2%
总计	18000000	100.0%		25.2%

新政策

部门	销售额（日元）	销售额构成比	毛利率	乘积
牛	6500000	32.5%	22.3%	7.2%
猪	5000000	25.0%	25.0%	6.3%
鸡	5530000	27.7%	24.5%	6.8%
加工肉	2100000	10.5%	24.0%	2.5%
其他	870000	4.4%	28.0%	1.2%
总计	20000000	100.0%		24.0%

图 4-24　使用乘积的毛利混合方法

它表示各个部门的毛利贡献度。

如图 4-24 所示，该店的店铺总计毛利率停滞在 23.4%，销售额情况也不佳，尤其是肉禽部门下跌明显。

对此，该店采取的相应对策是，将生鲜食品中毛利率最高的肉禽部门毛利率下调为 24%，来提高价格和价值的竞争力，使销售额上升了 10%。

在这一计划中，肉禽的销售额构成比增长了 1.2%，乘积也上升了 0.1%，达到 3.2%。店铺总计的毛利率减少了 0.1%，为 23.3%，可以预测总毛利将有一点增幅。

为具体实施相应的对策，各部门的课长应对自身部门进行利润混合。图 4-24 为肉禽部门各品种进行利润混合后的数据。它显示了部门的毛利率为 24% 时，该如何控制各类别的销售额构成比与毛利率。

在这一事例中，如果平均下调所有商品的毛利率，则其对价格的冲击很弱，所以可将重点放在牛肉上。具体计划是将牛肉的毛利率从 24.7% 下调至 22.3%，使销售额上升至 24% 左右。不是单纯地降低价格，而是增加产品的附加价值。商品品质提升后，销售额自然会提高。

像这样通过使用乘积的分析手法可以有效开展接下来的具体行动，并且可以应用于各种情况。

（白部和孝）

第 **5** 章

有效的
损失管理技术

　　提高销售额与毛利率，规避损失是超市必须面对的课题。本章主要介绍平衡实质损失与机会损失，实现利润最大化的具体方法。

通过星期与时间进行损失管理

生鲜食品等的损失分为两类：

①实质损失（降价损失、废弃损失）；

②机会损失（错失销售机会）。

虽然都称为损失，但是这两类损失是相反的关系。如果减少实质损失，机会损失就会增加；如果减少机会损失的话，实质损失就会增加。

因此，平衡实质损失与机会损失的损失管理机制就非常重要。只对实质损失进行管理起不到任何作用。

我们一起来看一下损失管理的方法。

分析1 追踪一周各天发生的情况

该如何确定损失呢？从实质损失开始看。

图 5-1 显示了根据成本法来计算毛利的过程。在以成本进行盘货的成本法中，毛利通过"销售额－销售成本"求出。

但是从这一计算公式中，我们完全无法得知实质损失的发生情况。

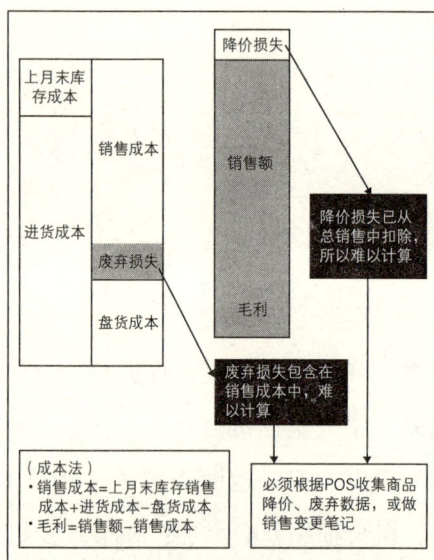

图 5-1　毛利计算数字中未表示的生鲜食品损失

从结论上来说，廉价销售损失从销售额中扣除，废弃损失包含在销售成本中，所以无法进行区分。为了掌握实质损失，我们必须在每次廉价销售或废弃时，开票据或记录销售变更情况。

实质损失可用以下三种方法进行分析：

①根据商品包装区分（商品轴）；

②根据时间、日期、星期区分（时间轴）；

③根据特价销售、天气、顾客等因素区分（各因素）。

图 5-2 为一周各天（时间轴）水产品（商品轴）的实质
损失。

（千日元）

		周一	周二	周三	周四	周五	周六	周日	总计
水产品	销售额	252	265	256	213	554	243	303	2086
	廉价销售	8	8	11	7	11	3	3	51
	废弃	60	27	35	22	17	19	37	217
	损失率	27.0%	13.2%	18.0%	13.6%	5.1%	9.1%	13.2%	12.8%

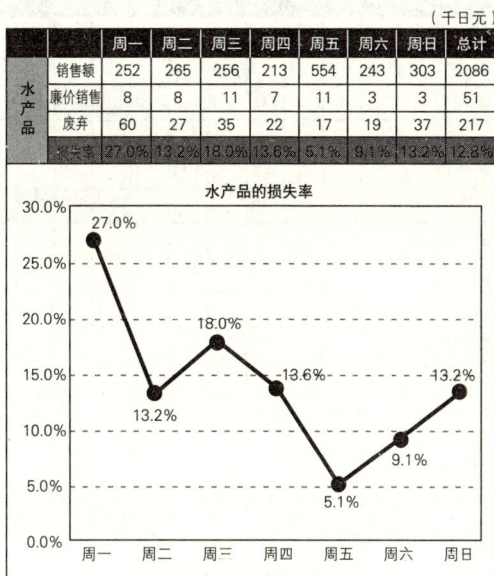

水产品的损失率

图 5-2　损失率的调查分析

根据图 5-2 可知，实质损失周一为 27.0%，周三为
18.0%，销售额较高的周五为 5.1%。周一实质损失升高的倾
向在其他部门也有所表现。

那么，为什么周一的损失率会升高呢？是由于各周日进
货过多，还是由于周日的剩货处理导致价格下降过多呢？对
此可以做出多种解释。

另外，机会损失通过 POS 数据可确定。可根据各单品每
天的投入量与 POS 数据中各时间段的销售量来计算各时间段

的陈列量，陈列量为 0 的时间点为断货时间（图 5-3）。

商品名		10点	11点	12点	13点	14点	15点	16点	17点	18点	19点	20点	21点	总计
牛里脊排2份	投入量	30												30
	销售量	1	2	3	5	4	3	6	4	2				30
	陈列量	29	27	24	19	15	12	6	2	0	0	0	0	0
牛里脊排1份	投入量	20												20
	销售量	0	2	2	1	3	2	3	4	1				20
	陈列量	20	18	16	15	13	10	8	5	1	0	0	0	0
牛肉切片M	投入量	45												45
	销售量	1	2	3	5	4	3	6	4	8	2	1		39
	陈列量	44	42	39	34	30	27	21	17	9	7	6	6	6
火锅用牛肉M	投入量	15					20							35
	销售量	2	2	2	1	2	3	4	6	6	3	2	1	34
	陈列量	13	11	9	8	6	23	19	13	7	4	2	1	1
烤肉用牛肉套餐	投入量				15									15
	销售量				2	1	1	2	4	4	1			15
	陈列量	0	0		13	12	11	9	5	1	0	0	0	0

断货

销售剩余6份

二次投入

白天投入的

图 5-3　机会损失的分析

问题点在于高峰时有多少断货。

分析 2 　掌握重点管理的商品

对所有商品进行实质损失管理并不现实。因为每天生产一次的工作效率更高，而且一般都是以现实的人员情况进行商品预制。

但是解决的办法还是有的，即进行重点管理。

首先应该对销售额较高、实质损失也较多的商品进行管理。根据销售额构成比与损失率的交叉分析，确定重点管理的商品，其顺序如下：

①调查各类别的销售额与损失率；

②计算销售额构成比，降序排列类别；

③计算累计的销售额构成比，进行类别的ABC分析；

④根据实质损失率的大小将类别分为ABC；

⑤制作销售额构成比与损失率的交叉分析表，对"AA"类的商品进行重点管理。

图5-4显示的是副食品部门的交叉分析案例。

由图5-4可知，销售额构成比高达18.4%，损失率达到了12.8%的寿司，是应该优先进行重点管理的类别。

商品	项目数	销售件数	销售金额（日元）	销售额构成比	销售额等级	减价件数	减价金额（日元）	废弃件数	废弃金额（日元）	废弃比例	损失金额（日元）	损失率	损失率等级
油炸食品	50	11025	2640000	25.8%	A	694	73632	269	64694	46.8%	138326	5.2%	B
日式副食品	72	9200	2050000	20.0%	A	711	71234	294	71831	50.2%	143065	7.0%	B
寿司	48	5670	1860000	18.4%	A	1081	146251	323	95310	39.5%	241561	12.8%	A
点心	47	5947	1300000	12.7%	A	591	65967	124	35138	34.8%	101105	7.8%	B
便当	54	4125	1200000	11.7%	B	515	55344	34	12662	18.6%	68006	5.7%	B
中华副食品	23	1914	580000	5.7%	B	277	33635	90	25951	43.6%	59586	10.3%	A
烧烤	20	1970	580000	5.7%	C	308	55828	77	35944	39.2%	91772	15.8%	A
	314	36722	10230000	100.0%		4177	501891	1211	341530	40.5%	843421	8.2%	A

		损失率		
		A（8%以上）	B（8%~4%）	C（4%以下）
销售额构成比	A(0~70%)	有销售市场但损失较多，损失管理的重点对象商品	优	检查是否产生机会损失
	B(70%~90%)	损失较多，损失管理的重点对象商品	优	最好有替代商品
	C(90%~100%)	需要调整陈列量，损失管理的重点对象商品	需要调整陈列量	优

图5-4 为进行重点管理的损失率交叉分析

为了进一步明确寿司中的何种商品出现了问题，我们将以同样的顺序对各单品进行交叉分析。

在各单品的交叉分析中，应根据店内包装与外带包装进行分析。与类别分析一样，如果从销售额构成比与损失率重点管理 A 类商品，能够有效减少实质损失。

分析3　推测损失原因

构建损失削减机制，还应该做一件事情，即寻找损失原因。只要明白了原因，便能使对策机制稳定存在。

那么原因究竟是什么呢？

由于损失的原因由多种要素结合而成，对策也涉及全体业务，因此我们常常不知该从何入手。

图 5-5 分步骤总结了损失原因的确定及对策。

减少实质损失就要减少降价和废弃的损失。因此，订购、加工、廉价销售、库存这四项管理就十分重要。而像失窃等损失，实际中很难把握。

"控制进货量""控制加工量""控制陈列量"，以上三种方法是减少实质损失的基本方法，但严格按以上方法操作的话，机会损失会增加，要探索出两者均衡缩小的方法。

制订兼顾实质损失与机会损失的对策、机制十分重要。

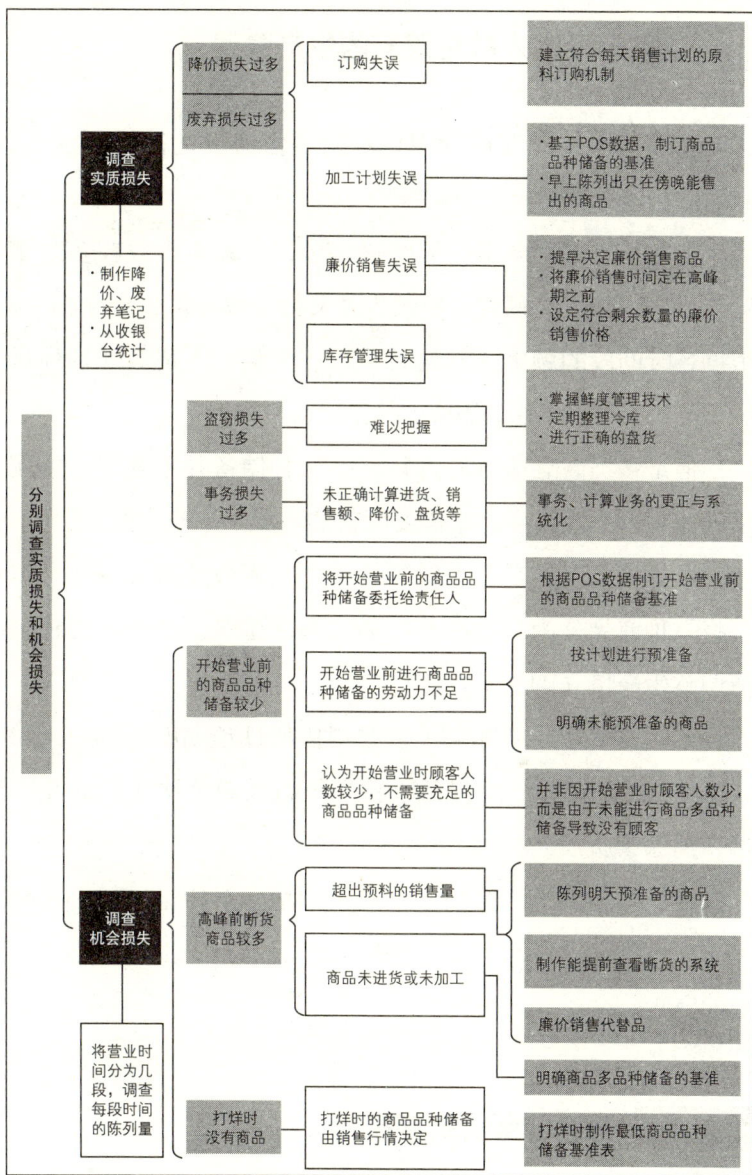

图 5-5　生鲜食品的损失管理过程

行动1　与顾客人数相对应的生产管理

在建构损失管理机制中，对应销售情况进行精细加工、商品陈列十分重要。

例如，一次生产出一天的销售量，当顾客人数较多时会导致机会损失，当顾客人数较少时又会导致降价、废弃损失。根据各时间段的顾客人数进行生产、上架，这是实现损失最小化与维持鲜度的最理想的方法。

但是多类商品适时地进行商品品种储备并不容易。特别是人才难以集聚，生产率需要改善的情况下，难度很大。

可是，虽然生产很难做到适应顾客人数的微小变化，但可将一种商品分为两次生产。通过两次生产，可根据销售行情调整生产量（图5-6）。

如图5-6所示，如果上午的销售超过预期就增加白天第二次生产的生产量，如果低于预期就减少第二次生产的生产量，消除实质损失。

虽然增加生产的次数可以更精确地应对销量，但必须建设工作系统。副食品加工工序较多，需要有比生鲜食品更高效的意识。

行动2　有效的廉价销售技术

那么该如何减少实质损失呢？简单来说就是努力减少销

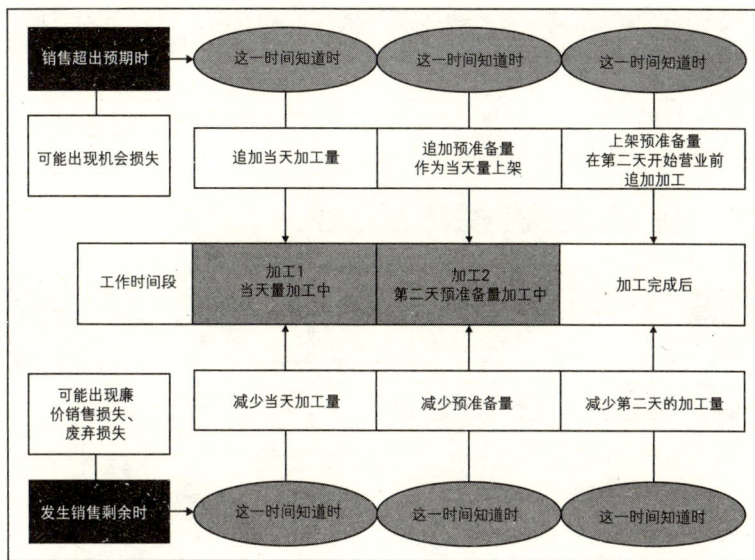

图 5-6　通过加工量的调整减少损失

售剩余。这需要廉价销售的技术。

有效的廉价销售要注意以下三点：

①抓住正确的廉价销售时机；

②正确掌握应廉价销售的商品与数量；

③设定合适的降价金额。

要想科学地抓住廉价销售时机，我们只需注意各时间段的累计销售额的变化（图5-7）。廉价销售的条件应该从以下两个方面考虑：

①二次开店准备时间以后；

②晚高峰前。

	10点	11点	12点	13点	14点	15点	16点	17点	18点	19点	20点	总计
销售额（日元）	45	98	110	104	76	66	94	156	138	64	38	989
构成比	4.6%	9.9%	11.1%	10.5%	7.7%	6.7%	9.5%	15.8%	14.0%	6.5%	3.8%	100.0%
累计	4.6%	14.5%	25.6%	36.1%	43.8%	50.5%	60.0%	75.7%	89.7%	96.2%	100.0%	

图 5-7　损失预测的方法

二次开店准备时间是销售额达到一天一半的时间。图表中案例的二次开店准备时间为 15 点左右，这个时间以后就是廉价销售的时机。

晚高峰一般优于早高峰，所以应在这个时间点前进行廉价销售。

高峰时段，受高峰影响，顾客人数增多，小幅打折就可能提高销售量。相反，如果在高峰后进行廉价销售，由于顾客人数减少，即使进行大幅打折也有废弃处理的危险。

高峰时间前，也要确认二次开店准备时间后卖场的状态，之后再来判断是否需要进行廉价销售。因此二次开店准备时间后、晚高峰前的 16—17 点，最适合进行廉价销售。

那么，什么样的商品以多少的量，降价多少为宜呢？

首先我们要调查截至 16 点的销售额构成比。在图 5-7 的案例中，截至 16 点的构成比为 60%，17 点以后截至打烊时的构成比为 40%。

案例 1 中，某商品投入量为 25 份，截至 16 点的销售量为 12 份。该商品是否需要进行廉价销售与打烊前的销售量预测有关。预测销售量可按以下公式求得：

（截至 16 点的销售量×17 点以后的销售额构成比）÷截至 16 点的销售额构成比＝17 点以后的销售量预测

$$（12 份×40\%）÷60\%＝8 份$$

17 点以后的销售量预测为 8 份，投入量减去包含预测量的一天销售量得：25－（12+8）＝5 份。由于 5 份出现销售剩余的可能性很大，所以 17 点以后需要进行廉价销售。

案例 2 中，截至 16 点销售了 18 份，17 点以后的预测销售量为 12 份。这时，一天销售量为 18+12＝30 份，高于投入量，所以很可能出现机会损失。必须在断货时，销售代替品。

（白部和孝）

有效的账目管理

销售工作由商品检查、商品制作、补货/陈列、鲜度/品质检查、售价检查、POS 数据检查、待客、收银台支援等组成。每天繁忙的工作中，课长还必须制作出高品质的报告书。

因此，总公司必须制作熟悉工作内容、便于使用的账目与文书。

理想的文书具体可按①号码、记号的选择方式，②短句、短文的记录方式，以较少的文字表达要点。

此外，要让课长详细了解天、周（旬）、月的报告书，并在期限内提交。在提交当天，课长自己难以提交时，必须让他在期限前提交或委托代理人提交。

为此，课长在日常工作中需要对代理人说明重要文书类的意义。也可委托给具有业务能力的兼职员工，这也是一种方法。

课长还需要注意以下五点，对账目、文书等进行恰当的管理：

　　①通常保管在固定场所；

　　②按天、周（旬）、月进行分类保管；

　　③整理归档复写的文件，并且在档案上附上内容索引，让人一看就能明白；

　　④保管在可上锁的文件柜或抽屉等地方；

　　⑤对保管的文书、账目等，每周检查一次。

通过账目改善营业数值

　　充分利用账目，可有效地改善营业数值。

　　主要账目为每天的营业日报、售价变更/废弃损失管理表、机会损失发现/对策表，每周的竞争对手调查表、营业周报、生鲜食品盘货额报告书，每月的营业预算/业绩报告书、重点商品销售计划/业绩报告书等。这些都是课长管理工作的核心。

　　其中，损失管理的账目与课长的工作息息相关，在控制毛利上十分重要。大体上分为降价/废弃损失管理与机会损失管理两大类。

　　表5-1—表5-4中的账目是从每天管理到损失预测的相关情况。

　　表5-1通过记录售价变更、废弃损失数量/金额、损失原因（选择式），明确应该重点管理的商品，引导出相应的对

策。表5-1中的内容涵盖了损失管理的基本信息。

表5-1 售价变更/废弃损失管理

							部门		记录者		月 日 ( )	

店名（编号）	售价变更						废弃损失				总计 E+H	备注
	数量 A	理由 NO.	旧单价 B	新单价 C	差值 C-B =D	售价变更额 A×D=E	数量 F	理由 NO.	单价 G	废弃损失 F×G=H		
总计												

截至本日的累计	销售额	废弃损失额		变价率	%	变价/废弃率	%	理由	1.订购过多 2.鲜度、品质低下 3.应对竞争对手的售价 4.店铺特价销售 （其他临时优惠）	5.生产过剩 6.过期 7.买方商品配送 8.废弃处理
	售价变更额	变价+废弃总计		废弃率	%					

售价变更的原因有订购过多、鲜度/品质低下、生产过剩、过期、买方订购外的商品配送、废弃处理等。将每天的记录按周或月进行重新统计，能更进一步明确损失发生的原因，进行彻底的损失管理（表5-2）。

表5-3明确显示了销售额较高的商品与售价变更/废弃损失额较高的商品，由此实现各时间段陈列量（生产量）与投入工时的合理化。通过对损失占销售额比例较高的商品进行重点管理，减少售价变更与废弃。

表5-2 各损失因素对策书

店长	章
课长	章

店名		部门			

因素				对策

因素

变价率、废弃率			售价变更
	2016年	2015年	去年比	
降价率				
废弃率				
总计				

变价、废弃前10位的项目

商品名	变价、废弃率	上月变价、废弃率	
			废弃

库存量

2016年	2015年	上年比

*记录当月执行的对策（从有效对策开始记录。还要记录主要商品品种的改善额）。
*在本表的复印件上盖章，每月5日递交给店铺运营部长。

表5-3 最优/最劣商品管理

年　　　　月　　　　店名　　　　部门

NO.	销售额 最高的前20类	金额	NO.	变价/损失 最大的前20类	金额
1			1		
2			2		
3			3		
4			4		
5			5		
6			6		
7			7		
8			8		
9			9		
10			10		
11			11		

（续表）

NO.	销售额 最高的前20类	金额	NO.	变价/损失 最大的前20类	金额
12			12		
13			13		
14			14		
15			15		
16			16		
17			17		
18			18		
19			19		
20			20		

＊ 提取左右两栏中都有的商品品种。

＊ 按变价、损失的大小顺序排列（一般选取8~14个商品品种）。

　　此外，在损失管理中最重要的是表5-4所显示的变价/废弃损失额预算管理。灵活运用这些账目，可以提高员工的损失管理意识，使课长能制订高实效性的损失预算。使用方法的顺序如下：

　　①记录根据最近几个月的损失业绩值算出的每月平均损失金额（业绩值）。

　　②根据业绩值设定今后数月的损失预算目标（"1次"检证预算）。一次预算约为业绩值的80%。制定容易实现的目标能提高损失改善的实效性，激发员工的干劲儿。

　　③根据"1次"检证预算设定二次预算（"2次"检证预算）。二次预算设定为一次预算的70%。如果实现该目标，则损失金额被降低为最近业绩的约55%，提升了销售额比2%~

4%的利润率。

④根据二次预算检证确定最终的损失预算。

表5-4　变价/废弃损失额预算管理

| 数值＼部门 | 业绩值(A) | 检证预算·(按月) | | 二次预算达成率 | 预算方案 | 年度月度预算(B) | 利润改善额(A-B) |
		一次(/)	二次(/)				
蔬果							
水产							
肉禽							
日配							
加工食品							
副食品							
杂货							
总计							
达成率	%	%	%			%	%
年间值	–	–	–	–	计划100%	–	预定改善额(千日元)

根据两个阶段检证后得出的预算，能实现合理的变价/废弃损失额。通过有效的损失改善工作，可使损失预算最小化。

各种账目的使用方法

·售价变更/废弃损失管理表（表5-1）

这是记录售价变更与废弃损失的数量、原因的账目。在工作中做记录时，只需记录新售价、理由、数量。据此便可知道什么商品出于什么原因发生了损失。通过每周的统计，可以正确掌握损失的原因。

·各损失因素对策书（表5-2）

这是整理损失管理的对象商品与对策的账目。在"变价、废弃前10位的项目"一栏中记录前几名商品当月和上月的损失业绩，在"对策"一栏中记录对策的内容。整理当月和下个月的对策，推动改进，以实现损失的改善。

·最优/最劣商品管理表（表5-3）

这是整理销售额与变价/损失额前几名的商品的账目。其关键点在于销售额较高的商品产生了多大的损失。销售额与损失都较高的商品，因商品的生产与补充、商品撤去等，使得工作负担过大。要明确进行重点管理的商品。

·变价/废弃损失额预算管理表（表5-4）

这是预算损失的账目。从左开始，依次为业绩值（最近数月的平均业绩）、一次预算（业绩值的80%）、二次预算（业绩值的70%）。通过这两次的预算检证，确定最终的预算方案。通过一点点提高目标，获得实现预算的成就感，将促进对下一个目标的挑战。

·机会损失发现/对策表（表5-5）

这是与机会损失的状况、对策相关的账目。根据断货发生的时间与之后的陈列时间，推算出卖场处于断货状态的时间，计算出这期间产生了多少销售损失。可灵活运用POS数据得到数量信息。

表 5-5　机会损失发现/对策

缺货商品	断货时间	准备	补充时间	断货时间	缺货时间内的预测销售额		
					单价	数量	金额
	月 日 时		月 日 时	小时	日元	个	日元

（佐佐木信幸）

第 **6** 章

工时管理与
人员配置计划

　　哪个时间段有多少工作？需要多少人？管理工时与制订人员配置计划是课长的重要工作之一。在实际经营中还需要有随机应变的判断能力。

工时管理与人员计划的过程

根据销售额预算划分必要工时

人员配置计划大致分为三个阶段：

年出勤计划（YSP＝Yearly，Store，Plan）、月出勤计划（MSP＝Monthly，Store，Plan）、日人员配置计划（DSP＝Daily，Store，Plan）（图6-1）。下面我们来看一下各个阶段的详情。

第一阶段为年工时计划，它是以工时销售额为基准制定的。首先，要明确每个部门的这一基准。

工时销售额是以每人每小时的平均销售额来表示个人效率的数值。年销售预算除以工时销售额可求得实现预算所必需的小时数。

在个人效率的数值中，还有以每工时的平均毛利来表示的工时生产率，但在人员计划中，工时销售额更易于使用。工时销售额乘以毛利率等于工时生产率。

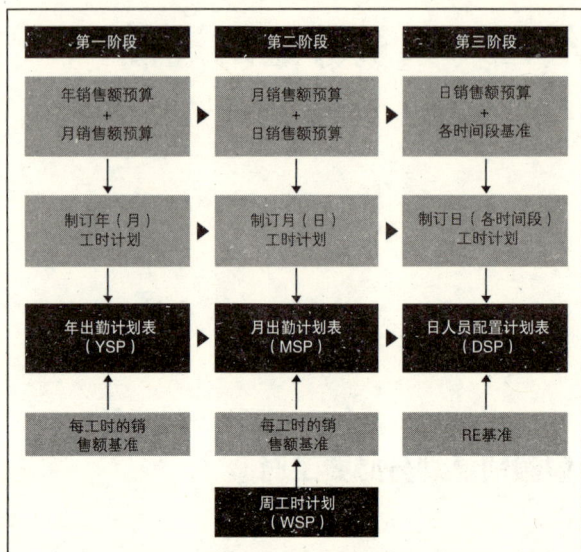

图 6-1　从销售预算至人员配置计划的流程

图 6-2 显示了以 18000 日元工时销售额为基准所进行的年工时计划。年销售预算 229900 千日元÷工时销售额 18000 日元=年必要工时数 12772 工时。如果工时无法满足必要工时数，实际的工时销售额就会下降。

那么，让我们来确认一下现在的人员和工作状态下推导出的年工时数能否满足工时计划。

用一天的工作时间乘以年工作天数可求出每人的工时数，各个年工时数乘以相应的人数可求出部门合计的工时数。

部门合计为 12740 工时，接近于必要工时数 12772 工时。两个工时数相差巨大时，必须更改图 6-1 中的工时计划。

其次，将工时计划按每个人的出勤天数进行分配。将个

年工时计划

	3月	4月	5月	6月	7月	8月	9月	10月	11月	12月	1月	2月	总计	
销售额预算	18200	17300	18400	16300	21000	20400	18600	19800	18400	26300	17300	17900	229900	千日元
每工时销售额基准	18000	18000	18000	18000	18000	18000	18000	18000	18000	18000	18000	18000	18000	日元
计划工时	1011	961	1022	906	1167	1133	1033	1100	1022	1461	961	994	12772	工时

员工　工作时间 8 × 年工作天数 260 = 年工时 2080 × 人数 2 → 总计工时 4160

五小时劳动者　工作时间 5 × 年工作天数 260 = 年工时 1300 × 人数 3 → 总计工时 3900

六小时劳动者　工作时间 6 × 年工作天数 260 = 年工时 1560 × 人数 3 → 总计工时 4680

合计工时 12740

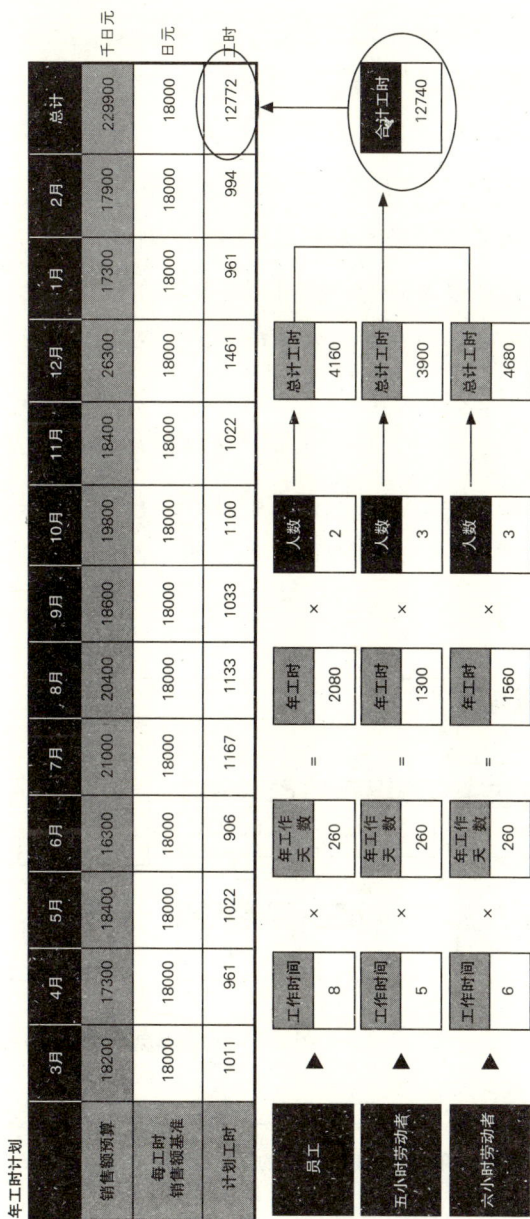

图6-2 根据销售额预算确定必要工时和人员的方法

人的年出勤天数具体划分为每个月的出勤天数。

为了在繁忙期不出现工时不足的情况，须对应各月的销售额增减情况调整各月的必要工时与个人的出勤天数。销售额预算较高的月份应增加工时，较低的月份应减少工时。

需要特别注意的是年末的商战时期。如果在 11 月之前过度使用工时，在最繁忙的时候可用工时会在预算上受到限制。另外，享受配偶减免政策的兼职员工也会控制出勤。

为了避免这种情况，在工时管理上，须事先确定兼职员工是希望贴补家计而工作的类型，还是希望尽可能增加收入的类型。根据工作意图可以确定兼职员工的出勤天数，对应卖场的忙闲情况，控制各月的出勤天数。图 6-3、图 6-4 列举了一个案例。

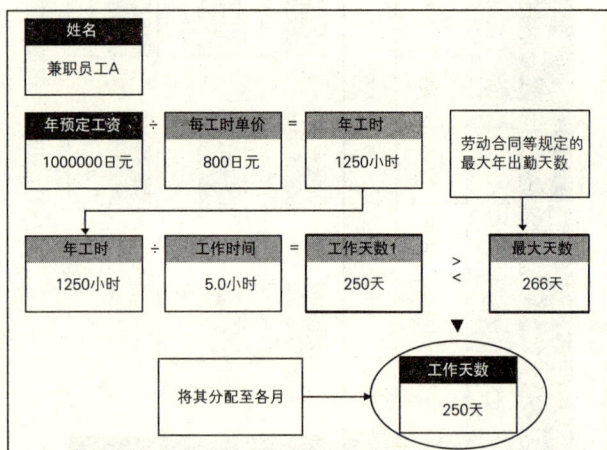

图 6-3　年收入 100 万日元的兼职员工的年出勤天数

兼职员工 A 每天工作时间为 5 小时，时薪 800 日元，年收入期望为 100 万日元。因此 A 一年能够工作的时间为 100 万日元÷800 日元＝1250 小时。工作天数为 1250 小时÷5 小时＝250 天。如果工作 250 天以上，则年收入可超过 100 万日元。

其次，将年工作天数分配至各月（图 6-4）。

①根据月销售预算计算构成比，并将其作为分配出勤天数的基准；

②根据工作条件算出各兼职员工的年出勤天数；

③年出勤天数乘以各月构成比求出理论上的各月出勤天数；

④理论上的各月出勤天数超过劳动合同等规定的最大出勤天数时，修正出勤天数；

⑤修正分配至各月的出勤天数（分配方案），并确定。

A 的情况是，如果按销售额构成比对年出勤天数 250 天进行分配，因销售额的季节变动较大，所以 12 月的出勤天数理论上应为 26 天。但是根据日本劳动合同等所规定的出勤天数，12 月的真正出勤天数应为 24 天。

12 月出勤天数中减少的 2 天时间，将依据课长的判断，替换至其他的月份，确定 A 的各月工作天数。

图 6-5 是某兼职员工已确定各月工作天数的各月出勤计划。

各工作天数乘以工作时间得到年总工时数为 12578 小时，年销售预算除以总工时数得到的工时销售额为 18278 日元。

（千日元）

	3月	4月	5月	6月	7月	8月	9月	10月	11月	12月	1月	2月	总计
销售额预算	18200	17300	18400	16300	21000	20400	18600	19800	18400	23300	17300	17900	226900
销售额构成比	8.0%	7.6%	8.1%	7.2%	9.3%	9.0%	8.2%	8.7%	8.1%	10.3%	7.6%	7.9%	100.0%

将销售额预算的构成比运用于出勤天数的理论分配中

年出勤计划

姓名	年工作天数
兼职员工A	250

天数的分配

（天）

	3月	4月	5月	6月	7月	8月	9月	10月	11月	12月	1月	2月	总计
理论分配	20	19	20	18	23	22	20	22	20	26	19	21	250
最大天数	23	22	22	22	24	23	21	22	21	24	21	21	266
分配方案	20	19	20	18	23	22	20	22	20	24	19	21	248
差	0	0	0	0	0	0	0	0	0	▲2	0	0	▲2
各月工作天数	20	19	20	18	23	23	20	22	20	24	20	21	250

置换出勤天数的最高值

输入劳动合同等规定的该月最大出勤天数

因少了2天，所以分配至其他月份

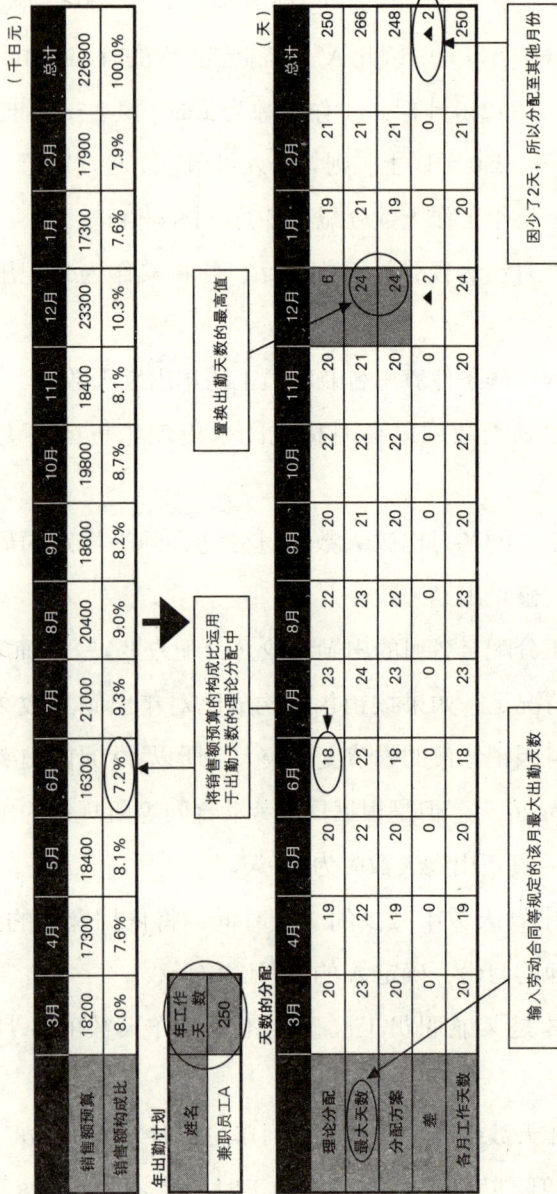

图6-4 年出勤天数的各月分配

172

出勤计划天数

姓名	类别	工作时间	3月	4月	5月	6月	7月	8月	9月	10月	11月	12月	1月	2月	合计（天）
姓名1	S	8	22	21	22	22	22	22	20	22	18	23	21	18	253
姓名2	S	8	22	21	22	22	22	22	20	22	18	23	21	18	253
姓名5	P	5	20	19	20	18	23	23	20	22	20	24	20	21	250
姓名6	P	5	21	20	21	20	24	23	22	22	22	24	20	21	260
姓名7	P	5	21	20	21	20	24	23	22	22	22	24	20	21	260
姓名8	P	6	21	20	21	20	24	23	22	22	22	24	20	21	260
姓名9	P	6	21	20	21	20	24	23	22	22	22	24	20	21	260
姓名10	P	6	21	20	21	20	24	23	22	22	22	24	20	21	260
总计			125	119	125	118	143	138	130	132	130	144	120	126	1550

> 对应销售额 制订各月出勤计划一览表

出勤计划工时

姓名	类别	工作时间	3月	4月	5月	6月	7月	8月	9月	10月	11月	12月	1月	2月	合计（工时）
姓名1	S	8	176	168	176	176	176	176	160	176	144	184	168	144	2024
姓名2	S	8	176	168	176	176	176	176	160	176	144	184	168	144	2024
姓名5	P	5	100	95	100	90	115	115	100	110	100	120	100	105	1250
姓名6	P	5	105	100	105	100	120	115	110	110	110	120	100	105	1300
姓名7	P	5	105	100	105	100	120	138	132	132	110	120	100	105	1300
姓名8	P	6	126	120	126	120	144	138	132	132	132	144	120	126	1560
姓名9	P	6	126	120	126	120	144	138	132	132	132	144	120	126	1560
姓名10	P	6	126	120	126	120	144	138	132	132	132	144	120	126	1560
总计			1040	991	1040	1002	1139	1111	1036	1078	1004	1160	996	981	12578
销售额预算			18200	17300	18400	16300	21000	20400	18600	19800	18400	26300	17300	17900	229900	千日元
每工时销售额			17500	17457	17692	16267	18437	18362	17954	18367	18327	22672	17369	18247	18278	日元

> 置换为工时，统计各月数据

> 是否达成了当初的工时销售额目标

图6-5　每个人的年出勤计划

这和当初的基准 18000 日元十分接近。

制订月出勤计划表

以工时销售额的基准为依据，确定各兼职员工的月出勤天数，根据工作的忙闲情况，确定出勤日（图6-6）。

但是，能根据各天的销售预算计算出必要工时的，只有那些根据顾客人数进行工作量变动的收银部门。生鲜食品、加工食品等必须进行加工和上架等预准备工作，所以要事先根据当天的销售预算计算出所需要的工作量，制订工时计划时要计入这一工时。

月出勤计划表按以下顺序制订。

①制订一周各天的出勤样本（WSP）；

②将各天的出勤样本对应计划月的各天；

③统计月工作天数，与计划天数进行对照；

④修正与计划天数的差值。

图6-7是各兼职员工各天的出勤样本。

根据每天的忙闲情况，确定休息日（用 O 表示）。图6-7为根据出勤样本求得的各天工时。例如，周一5人出勤，合计30工时。

然后将各天的出勤样本与计划月的各天对应，求得每个人的月出勤天数，根据需要，修正出勤日、天数（图6-6）。

月出勤计划表　3月

	类别	工作时间	计划天数	1	2	3	4	5	6	7	8	9	10	11	12	13	14	15	16	17	18	19	20	21	22	23	24	25	26	27	28	29	30	31	类别
				周一	周二	周三	周四	周五	周六	周日	周一	周二	周三	周四	周五	周六	周日	周一	周二	周三	周四	周五	周六	周日	周一	周二	周三	周四	周五	周六	周日	周一	周二	周三	
姓名1	S	8	22	○			○				○			○				○			○				○			○				○			22
姓名2	S	8	22		○			○				○			○				○			○				○			○				○		22
姓名5	P	5	20	○		△	○				○			○				○			○				○			○	△			○			20
姓名6	P	5	21		○			○				○			○		△		○			○				○			○				○		21
姓名7	P	5	21			○			○				○			○		△		○			○				○			○				○	21
姓名8	P	6	21	○			○				○			○				○			○				○			○				○			22
姓名9	P	6	21		○					○		○					○		○					○		○					○		○		22
姓名10	P	6	21			○			○				○			○				○	△		○				○			○				○	21
工时总计				30	30	32	30	36	37	42	30	30	37	30	36	37	37	25	30	37	24	36	37	42	30	30	37	30	31	37	42	30	30	37	1030

贴上周工时计划（WSP）的出勤样本

加上节假日后接近于计划天数

接近3月的工时计划

图6-6　根据周工时计划制订的月工作计划表

各天出勤样本

姓名	类别	工作时间	周一	周二	周三	周四	周五	周六	周日
姓名1	S	8	○			○			
姓名2	S	8		○			○		
姓名5	P	5	○			○			
姓名6	P	5		○			○		
姓名7	P	5			○			○	
姓名8	P	6	○						
姓名9	P	6		○					○
姓名10	P	6			○				
							确定各天出勤样本		

周工时计划(WPS) (工时)

姓名	类别	工作时间	周一	周二	周三	周四	周五	周六	周日
姓名1	S	8	○	8	8		8	8	8
姓名2	S	8	8	○	8	8	○	8	8
姓名5	P	5	○		5	5		5	5
姓名6	P	5	5	○		5	○		5
姓名7	P	5	5	5	○	5			5
姓名8	P	6	○	6	6				6
姓名9	P	6	6	○	6				○
姓名10	P	6	6	6	○				6
			30	30	38	30	36	38	43

根据各天出勤样本计算工时

图6-7 根据各天出勤样本的周工时计划（WPS）

年	月	日	星期	部门
	3	1	一	

姓名	开始	结束	8点	9点	10点	11点	12点	13点	14点
姓名2	8:00	17:00	A A A A	E E E E	A A A A	A A A A	A A A A	– – – –	G G G G
姓名3	8:00	15:00	D D D D	C C C C	E E E E	E E D D	– – – –	D D D D	D D D D
姓名4	8:00	15:00	B B B B	A A A A	A A B B	B B B B	B B – –	– – B B	B B B B
姓名5	10:00	17:00			B B B B	B B B B	B B B B	– – – –	A A A A
姓名6	10:00	15:00			C C C C	C C C C	C C C C	– – – –	E E E E

依据各天的工时基准进行人员配置

工时总计		3.0	3.0	5.0	5.0	3.5	1.5	5.0

工时图表	工时	8							
		7							
		6							
		5							
		4							
		3							
		2							
		1							

图6-8 工时预算的各时间段、各工作的分配

176

例如"姓名10"，根据出勤样本，月出勤天数为22天，但因计划天数为21天，超出1天，所以将原来的出勤日3月18日（周四）变更为休假日。

合理、节约、平衡的各天计划的制订方法

各天的工时计划（DSP）是表示当天出勤的兼职员工各时间所负责的工作的"工作分配表"（图6-8）。它等同于课长制定的工作指示书。

各天的工时计划原则上要求前一天制订完毕，工作当天早上公示在工作场所。当天出勤的兼职员工在确认工作分配表后领取自己的工作任务。

A剪、切	B装盘	C包装	D贴价牌
E陈列	F清扫	G事务	H其他（吃饭、休息）

	15点	16点	17点	18点	19点	20点	21点	22点	工时总计
	H H H H	E E E E	H H F F						9.0
									6.0
									6.0
	A A A A	D D F F							6.0
	B B B B								5.0
	3.0	2.0	1.0						32.0

计算各时间段的工时将其图表化以便于浏览

通过口头分配业务的店很难熟练地运用工作分配表。这样的店在进行工作分析时，必然会在工作中发生不合理、浪费、失衡等情况。

在人工费上仅靠数字进行管理是有限的。我们应该着眼于计算的流程。

通过工作的重点管理确定合理工时

要想以合理的工时进行运营，可以对工作进行重点管理。明确工作对象，根据营业的忙闲情况，对该工作和工时进行重点管理。如能实现重点管理，出勤样本的制订也会容易很多。

表 6-1 列举了各部门应该进行重点管理的工作。

表 6-1　需进行重点管理的工作与必要工时的求解方法

	收银	加工食品 日配品 日用杂货	生鲜相关
需进行重点 管理的工作	收银登记	商品补充	加工
工作构成比	70%	65%	80%
变动因素	顾客人数	补充量	加工量
确定数值的方法	确定每周各 天各时间段的顾 客人数	确定每周各 天的进货量	根据每天的 销售量确 定加工量
RE 基准	每工时的 服务顾客 人数	每工时的 补充量	每工时的 加工量

（续表）

	收银	加工食品 日配品 日用杂货	生鲜相关
必要工时	顾客人数÷每工时 的服务顾客人数÷ 工作构成比	补充量÷每工时 的补充量÷ 工作构成比	加工量÷每工时 的加工量÷ 工作构成比

  在收银业务中，收银登记工作占了全体工作的 70% 左右，应对其进行重点管理。顾客人数是决定收银登记工作量的重要原因。根据过去的业绩明确每周各天各时间段的顾客人数，再根据收银员每工时的顾客服务人数基准（RE 基准），求出收银部门各时间段的必要工时。

  加工食品、日配品、日用杂货中，商品补充占全体工作的 65% 左右。商品补充工作会依据补充量发生变动，而补充量又难以确定。因此，我们需要根据进货票据统计每周各天的进货量，将其作为补充量，根据每工时的补充量基准（RE 基准），求出对象部门的必要工时。

  生鲜部门进行店内加工的店铺，加工工作占全体工作的 80% 左右。加工工作会依据当天的加工量发生变动，但并不能将销售额作为加工量。这是因为，为了确保开始营业前的商品品种，前一天进行预准备工作时，依据当天和第二天的销售额，工作量会发生变化。因此，我们必须将销售额替换为销售量，再根据销售量来确定加工量。

（白部和孝）

收银的工时管理要点

收银部门是工作人员最多的部门,职责是顾客的接待工作。因此,在店铺中有计划地进行工时管理十分重要。

收银部门会制订收银配置计划表 [(一般称为"工作分配表"或"业务安排表",LSP(Labor, Scheduling, Program)],但在实际中,经常看到不合理的、无用的工作,以及顾客接待工作中优先考虑工作人员的方便等现象。

那么应该如何认真地进行顾客接待工作和合理的人员配置呢?

根据各时间段的顾客人数确定收银机的开放数量

让我们看下收银 LSP。首先,按以下顺序根据预测顾客人数求出必要的收银机数量:

①根据过去的业绩求出每周各天、各时间段的顾客人数,然后制订周基准顾客人数表;

②根据周基准顾客人数表推算出计划日（周几）的基准顾客人数；

③计划日的销售预算除以人均消费求出预测顾客人数；

④根据周基准顾客人数表每周同天的各时间段顾客人数构成比，将计划日的预测顾客人数分配至各时间点；

⑤根据需要修正各时间点的预测顾客人数；

⑥各时间点的顾客人数除以收银的 RE 基准，求出各时间的必要收银机台数。

图 6-9 为求解出必要收银机台数的案例。

周一（2016 年 3 月 7 日）的基准顾客人数为 1760 人，当天的销售预算除以人均消费求得预测顾客人数为 1800 人。

然后，根据周基准顾客人数的各时间点顾客人数构成比，将预测顾客人数 1800 人分配至各时间点。例如，周一 10 点左右的顾客人数为 80 人，构成比为 4.5%，因此 10 点左右的预测顾客人数为 1800 人×4.5% ＝82 人。

各时间点按同样方法求出预测顾客人数。但当天如果进行传单推销等特别活动，预测从开始营业时顾客人数就较多时，则要修正各时间点的预测顾客人数（图 6-9 的案例未进行修正）。

最后，各时间点的预测顾客人数除以 RE 基准求得必要收银机台数。收银机的 RE 基准为每台收银机每小时的顾客服务人数基准值。10 点左右的必要收银机台数为 82 人÷50 ＝ 1.6 台，四舍五入后是 2 台。

确定 RE 基准的顺序如下（图 6-10）：

①测量打招呼、收银登记、金钱交易所需的时间；

预测顾客人数与收银机台数（WSP）

周基准顾客人数

	9点	10点	11点	12点	13点	14点	15点	16点	17点	18点	19点	20点	21点	22点	总计
周日	90	120	240	240	220	180	200	250	260	160	100				2060
周一	80	100	160	220	240	150	180	220	220	140	50				1760
周二	90	120	180	200	240	150	180	260	260	160	50				1820
周三	90	120	180	200	180	150	180	250	260	160	50				1820
周四	90	120	190	200	180	150	180	260	260	160	50				1830
周五	90	120	180	240	180	160	180	260	260	160	50				1820
周六	90	120	180	220	180	160	180	260	260	160	50				1850

计划日

年	月	日	星期
2016	3	7	1

各时间段预测顾客人数

RE基准　50 人

	9点	10点	11点	12点	13点	14点	15点	16点	17点	18点	19点	20点	21点	22点
周一	0	82	102	164	225	245	153	184	225	225	143	51	0	0
修正栏														
修正顾客人数	0	82	102	164	225	245	153	184	225	225	143	51	0	0

基准顾客数 1760

预测顾客人数 1800

人均消费 2111日元

销售预算 3800千日元

根据预测顾客人数计算必要收银机台数

	9点	10点	11点	12点	13点	14点	15点	16点	17点	18点	19点	20点	21点	22点	总计
预测顾客人数	0	82	102	164	225	245	153	184	225	225	143	51	0	0	1800 人
	0	82	102	164	225	245	153	184	225	225	143	51	0	0	1800
必要收银机台数	0	2	2	3	5	5	3	4	5	5	3	1	0	0	32 工时

图6-9　根据预测顾客人数计算必要收银机台数

182

②调查顾客人均购买件数；

③用购买件数乘以每件登记时间求出收银登记时间；

④将打招呼、收银登记、金钱交易所需的时间相加，求出"服务时间1"；

⑤用服务时间1乘以可变率求出"服务时间2"；

⑥根据3600秒（1小时）除以服务时间2求出RE基准。图6-10的案例中为50人。

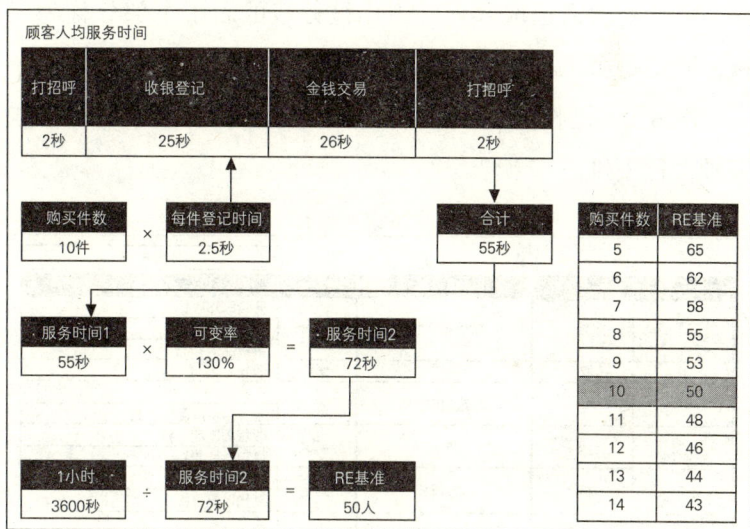

图6-10 收银部门的RE基准确定方法

服务时间越长，RE基准越小；服务时间越短，RE基准越大。RE基准是显示该店的服务水平、表示收银效率的指标。如果高于基准，则要降低"服务等级水平"；如果低于基准，则"效率低下"。

根据收银机数量制订人员配置计划

下一步是制订人员配置计划。首先，明确工作种类。

收银工作并不只是收银登记。还有零钱的准备与供应品的补充、收银周围的打扫等工作。除收银以外还要参与总公司会议或事务性工作等。

明确工作种类是指对于笼统的工作，明确每个工作的定义，并让所有人达成共识。工作被分成的若干个部分称为工种，确定每个工种的内容称为工作定义。

图 6-11 是收银业务的工种。人员配置计划需要参照这些工种进行安排。

工种表				收银部门
记号1	记号2	工种	类别	工作定义
A	开	营业前工作	固定	开设POS收银 零钱的准备 供应品的补充
B	收	收银	变动	收银登记
C	兑	兑换、供应品	固定	兑换 营业中供应品的补充
D	清	清扫	固定	收银周围的清扫 店门口的清扫
E	核	核算	固定	检查币种 制作收银日报
F	休	休息、吃饭	固定	吃饭 休息
G	事	事务	固定	事务工作 LSP制作
H	卖	卖场工作	固定	商品陈列、鲜花的订购 打包工作
I	会	会议	固定	小会议 总公司会议
J	他	其他	固定	服务中心 包装、配送 卖场引导

图 6-11　明确工种

图 6-12 是人员配置计划的案例。纵轴为当天出勤者，横轴为时间。

首先，根据月工作安排表中记录的每个人的工作样本，将人员配置计划的出勤者和时间安排表相配对。时间安排表以 15 分钟为单位，用记号表示工作的种类。"收"表示收银，四个"收"表示 1 工时（1 台收银机）。

统计各时间"收"的个数，然后除以 4 后得到的数字即为根据工作样本求得的各时间"收银机数量"。图 6-12 显示的是根据预测顾客人数与 RE 基准求得的"必要收银机台数"，以及收银机台数与必要收银机台数的"差"。

配置计划的要点是尽可能让收银的"差"接近零。在图 6-12 的案例中，13 点左右必要收银机台数是 5 台，而计划数是 2 台，缺少 3 台，因此必须更改人员配置计划。

修正后的人员配置计划如图 6-13 所示。

为了弥补 13 点左右收银机台数的不足，对 12 点与 13 点的两次换班的午饭休息时间进行调整，让午休时间不重合。另外，事务人员帮忙收银 2 小时、店长 14 点帮忙 1 小时，也可以弥补收银机数量的不足。

如果频繁修正午休时间，则需要调整每人的工作样本和工作时间。

人员配置计划

年	月	日	星期
2016	3	7	一

姓名	收银	9点	10点	11点	12点	13点	14点	
姓名1	1	开 开	收 收 收 收	收 收 收 收	收 收 收 收	休 休 休 休	事 收 收	
姓名2	1							
姓名3	2	开 开	收 收 收 收	收 收 收 收	收 收 收 收			
姓名4	2							
姓名5	3				休 休 休 休	收 收 收 收	收 收 收	
姓名6	3		收 收 收 收	收 收 收				
姓名7	4		卖 卖 卖 卖	卖 卖 卖	休 休 休 休	收 收 收 收	收 收 收	
姓名8	4							
姓名9	5							
						收银机数量不足		
A收银机台数		0.00	3.00	3.00	2.00	2.00	3.75	
B必要收银机台数			2	2	3	5	5	
A-B 差			1	1	-1	-3	-1	

图6-12　基于工作样本的人员配置计划

人员配置计划表（DSP）

年	月	日	星期
2016	3	7	一

姓名	收银	9点	10点	11点	12点	13点	14点	
姓名1	1	开 开	卖 卖 卖 卖	收 收 收 收	收 收 休 休	休 收 收	收 收 收 收	
姓名2	1							
姓名3	2	开 开	收 收 收 收	收 收 收 收	收 收 收 收	收 收 休 休	休 收 收	
姓名4	2							
姓名5	3		收 收 收 收	休 休 休	休 收 收	收 收 收	收 收 收 收	
姓名6	3							
姓名7	4		卖 卖 卖 卖	卖 卖 卖 卖	休 休 休 休	收 收 收	收 收 收 收	
姓名8	4							
姓名9	5							
援助收银机1	1				收 收 收 收	收 收 收		
援助收银机2	1						收 收 收 收	
			配置计划的修正					
A收银机台数		0.00	2.00	2.50	3.00	4.00	4.50	
B必要收银机台数			2	2	3	5	5	
A-B 差			0	1	0	-1	-1	

图6-13　修正后的人员配置计划

开 营业前　收 收银　兑 兑换　清 清扫　核 核算　休 休息　事 事务　卖 卖场　会 会议　他 其他

	15点				16点				17点				18点				19点				20点				工时总计
	清	收	收	兑	收	核		收																	
	收	收	收	收	收	收	核	收	收	收	收	收	收	收	收	收	事	事	事	事	收	收	收	收	
	收	收	收	收	收	收	收	核																核	
	收	收	收	收	收	核	收	收	收	收	收	收	收	收	收	收	收	收	收	收	卖	卖	卖	卖	
									收	收	收	收	收	收	收	收	收	收	收	收	收	收	收	收	
					收	收	收	收	收	收	收	收	收	收	收	收	收	收	核	卖	卖	卖	卖	卖	
	3.50				4.00				5.00				5.00				3.50				2.75				37.50
	3				4				5				5				3				1				38
	1				0				0				0				1				2				1.01

开 营业前　收 收银　兑 兑换　清 清扫　核 核算　休 休息　事 事务　卖 卖场　会 会议　他 其他

	15点				16点				17点				18点				19点				20点				工时总计
	清	收	收	兑	收	核	收	收																	
	收	收	收	收	收	收	核	收	收	收	收	收	收	收	收	收	事	事	事	事	收	收	收	收	
	收	收	收	收	收	收	收	核	收	收	收	收	收	收	收	收	收	收	收	收	收	收	收	核	
	收	收	收	收	收	核	收	收	收	收	收	收	收	收	收	收	收	收	收	收	卖	卖	卖	卖	
									收	收	收	收	收	收	收	收	收	收	收	收	收	收	收	收	
					收	核	收	收	收	收	收	收	收	收	收	收	收	核	卖	卖	卖	卖	卖	卖	
差值变小																									
	3.50				4.00				5.00				5.00				3.50				2.75				39.75
	3				4				5				5				3				1				38
	1				0				0				0				1				2				1

按计划进行，必须记下"错误"

将印好的人员配置计划表张贴在 1 号收银机或服务中心，在工作开始前由收银人员本人进行确认。

在实际的收银工作中，应按顾客人数更改收银机数量。

当到店顾客人数与预测接近时，按计划进行人员配置即可，但因天气突变或竞争店铺进行特价销售等情况，导致实际顾客人数少于预测时，应按实际顾客人数更改收银机数量。

我们必须灵活协调，以应对各种情况，当收银机数量不足时，请其他部门进行支援，当顾客人数少于预测人数时，则去支援其他部门。

根据实际结果明确问题点

当实际运营和计划不同时，要在人员配置计划表中记录下修正的内容。修正的记录是日后分析问题时的重要资料，但即使采用 LSP 的企业也无法完全执行，经常出现中途停止计划的情况。

以工作业绩的统计为基础进行问题分析。LSP 统计使用电脑，可以帮助我们大幅减轻统计带来的事务工作负担。当进行的工作与计划不同，需要修正时，要在电脑桌面调出前一天的人员配置计划表，输入手写的修正内容。同时，输入从 POS 中获得的各时间点的顾客人数。

对工作实际情况进行分析，就会发现问题点。

图 6-14 是表示每台收银机服务的顾客人数的"RE 检查图表"。当开设的收银机数量与各时间点的顾客人数相匹配时，顾客服务人数的折线会固定在 RE 基准 50 上。当收银机数量不足时，折线在基准之上；当收银机数量过多时，折线在基准之下。在图 6-14 的案例中，开始营业时与打烊时收银机数量过多。

各时间点的RE检查图表

	10点	11点	12点	13点	14点	15点	16点	17点	18点	19点	20点	合计
收银机台数	2.00	2.50	3.00	4.00	4.50	3.50	4.00	5.00	4.50	3.00	2.75	38.75
实际顾客人数	75	95	155	212	234	148	168	218	282	161	163	1811
顾客服务人数	38	38	52	53	52	42	42	44	63	54	23	47
RE基准	50	50	50	50	50	50	50	50	50	50	50	50

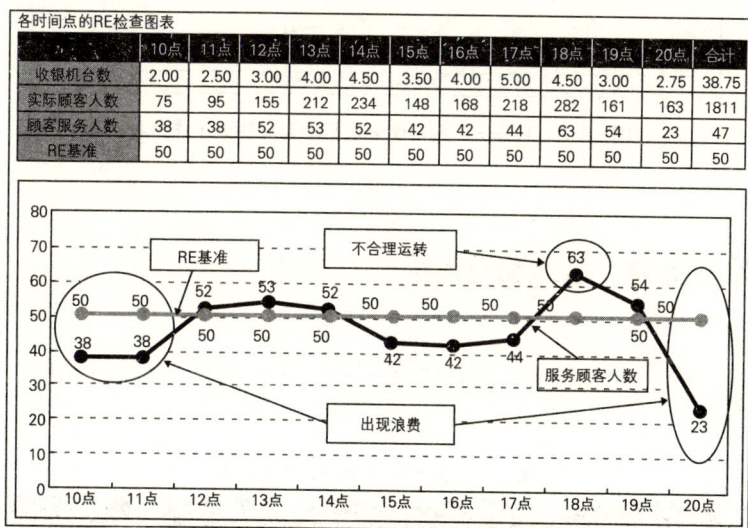

图 6-14　根据 RE 检查图表进行的各时间点工作分析

图 6-15 是每周各天的 RE 检查图表。根据图表可知，周二、周三、周四收银机数量过多。

每周各天的RE检查图表

	周一	周二	周三	周四	周五	周六	周日	合计
收银机台数	41.00	38.75	39.00	42.00	41.00	40.25	39.50	282
实际顾客人数	2156	1760	1680	1730	1750	1842	1866	12784
顾客服务人数	53	45	43	41	43	46	47	45
RE基准	50	50	50	50	50	50	50	50

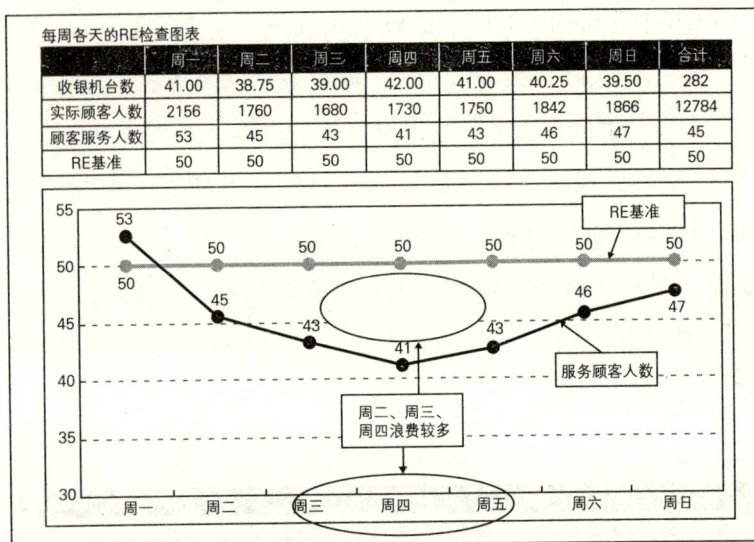

图 6-15　根据 RE 检查图表进行的每周各天工作分析

修改计划，合理配置人员

表 6-2 是收银工作的改善要点。下面对各要点进行解析。

表 6-2　旨在改善工作的检查要点

	旨在改善工作的检查项目
1.	开始营业时顾客人数少，是否启动了过多的收银机。
2.	尽管白天顾客人数很多，但是收银员前去吃饭，收银机数量是否较少。
3.	晚高峰时，即使开启所有收银机，是否数量仍然不足。
4.	顾客人数很多的时间段，是否仍在进行固定（附带）工作。
5.	大家是否一起来进行清扫。
6.	顾客较少的时间段，未进行合适的工作指示，是否会有顾客等待的情况。

旨在改善工作的检查项目	
7.	工作日与周末顾客人数相差很大，是否有不合理、无用工作存在。
8.	工作日是否也采用顾客人数较多的周末的人员配置。
9.	收银工作者的卖场支援是否已形成制度。
10.	优先考虑服务速度，是否经常采用双人制运作。
11.	是否形成宽松的人员配置，缺人也无所谓了。
12.	制订工作安排表的时间是否得到了保证。

第一，应该探讨在开始营业、打烊时根据顾客人数的实情，减少收银机数量。

"一直都开着3个收银机""习惯性打开收银机"等原因，或是凭借特价销售日第一天的感觉，导致很多时候收银机数量过多。

第二，12点左右为顾客人数的午高峰，更改收银人员交替吃午饭的换班制度。

如果让顾客在收银处等待，会给顾客造成困扰，而收银人员也无法在15点、16点的时候吃饭。要从根本上解决这个问题，可以在12点左右雇用短时间的兼职员工。

短时兼职员工可以工作3~4个小时，不需要休息。这不仅充分确保了12点左右的收银人员，还可以使收银机顺利运作，消除顾客排长队等待结账的现象。

第三，取消收银的双人制。

这是由于即使采用双人制，效率也最多改善1.3倍，还是尽可能启动收银机，采用单人制更为合适。如果采用双人制运营，即使启动所有的收银机，也有可能无法消除顾客排队等候的现象。

第四，减少因价格产生的损失。

收银工作效率低的主要原因在于扫码错误和投诉处理。无论哪种纠纷，多是弄错价格引起的。

图 6-16 是收银机频繁发生的售价错误纠纷。分析纠纷的原因，防范于未然，以此来改善收银工作效率。

收银业务多是员工凭经验进行，但好好分析会发现很多问题点。重要的是要对问题点有所认识。希望大家能彻底地执行以数据为基础的收银管理。

（白部和孝）

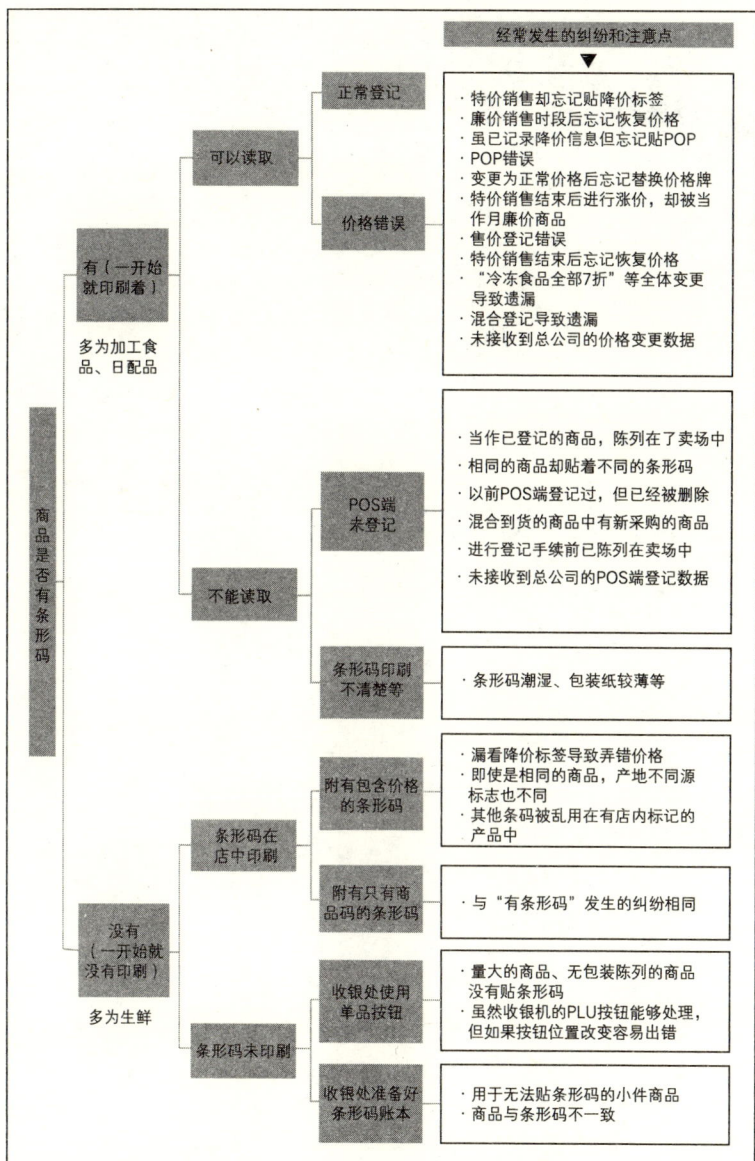

图 6-16　POS 收银工作中因弄错价格产生的纠纷

经常发生的纠纷和注意点

商品是否有条形码

有（一开始就印刷着）多为加工食品、日配品
- 可以读取
  - 正常登记
  - 价格错误
    - ·特价销售却忘记贴降价标签
    - ·廉价销售时段后忘记恢复价格
    - ·虽已记录降价信息但忘记贴POP
    - ·POP错误
    - ·变更为正常价格后忘记替换价格牌
    - ·特价销售结束后进行涨价，却被当作月廉价商品
    - ·售价登记错误
    - ·特价销售结束后忘记恢复价格
    - ·"冷冻食品全部7折"等全体变更导致遗漏
    - ·混合登记导致遗漏
    - ·未接收到总公司的价格变更数据
- 不能读取
  - POS端未登记
    - ·当作已登记的商品，陈列在了卖场中
    - ·相同的商品却贴着不同的条形码
    - ·以前POS端登记过，但已经被删除
    - ·混合到货的商品中有新采购的商品
    - ·进行登记手续前已陈列在卖场中
    - ·未接收到总公司的POS端登记数据
  - 条形码印刷不清楚等
    - ·条形码潮湿、包装纸较薄等

没有（一开始就没有印刷）多为生鲜
- 条形码在店中印刷
  - 附有包含价格的条形码
    - ·漏看降价标签导致弄错价格
    - ·即使是相同的商品，产地不同源标志也不同
    - ·其他条码被乱用在有店内标记的产品中
  - 附有只有商品码的条形码
    - ·与"有条形码"发生的纠纷相同
- 条形码未印刷
  - 收银处使用单品按钮
    - ·量大的商品、无包装陈列的商品没有贴条形码
    - ·虽然收银机的PLU按钮能够处理，但如果按钮位置改变容易出错
  - 收银处准备好条形码账本
    - ·用于无法贴条形码的小件商品
    - ·商品与条形码不一致

第 **7** 章

提高生产率的 工作改善

　　为提高生产率，重新审视已习惯的工作，制订新的机制。这也是课长非常重要的工作。本章主要介绍如何掌握工作实情，明确问题点，制订具体的改善对策。

生鲜部门的工作改善

确定工时数的每周各天样本

各天的销售额预算不同时，工时和工作分配也不固定。但是，出勤时间和工作时间不稳定的话会难以留住人才，工作分配表的制订也十分费时。因此，实际工作中必须将工作分配样本化。

样本化的一种方法是根据每周各天的销售额构成比进行工时分配。

根据一个月各天的销售额求出每周各天的平均销售额，相加后算出周销售额，再推算出每周各天销售额的构成比。根据这一周各天的销售额构成比，分配周工时数，得到的就是每周各天的工时数。

然后，根据每周各天的工时数制订工作分配计划（图7-1的"主要工作"），并将其作为每周各天的基本样本，用于实际的工作分配计划中。

促销计划		全店活动	全家人的电炉菜单 ◄──►			今晚吃什么火锅 ◄──►			T日 ◄─►		S店开业	七五三祝贺式菜单 ◄──►			
		店内计划	分发优惠券	文化日								休市				
销售额预算（11月）毛利率26% 20040千日元			1周日	2周一	3周二	4周三	5周四	6周五	7周六	8周日	9周一	10周二	11周三	12周四	13周五	14周六
每日的销售额预算（30日）668千日元			614	713	676	590	590	688	639	627	651	811	663	663	700	639
主要工作	姓名	预算指数	92	106	101	88	88	103	95.6	93.8	97.4	121	99.2	99.2	104.7	95.6
订、切、摆	课长	休 B 6:30 C 7:00	8	9.5	8		8.5		8	8		9		9	8	
订、切、刺	员工A	9 D 7:30 E 8:00	8		8	8.5		8		8	8		8		8	8
刺、切、摆	员工B	9 F 8:30		9.5		8.5	8.5	8	8		9	9		8.5		8
刺、摆、烹	实习员工	9	8	9	8			8	9					8.5	8	
包、刺、切	兼职员工C	8:30~12:30 / 4		5	4	4	4	4			4	4	5		4	
摆、包	兼职员工D	9 13:00~17:00 / 4			4						4	4				
摆、试吃	兼职员工E	8 8:00~17:00 / 8	8	8		8	8		8	8		8	8			8
摆、包	兼职员工F	9 8:30~16:30 / 7	7		7	8		7	8	7	6	7	7		8	
包、摆	兼职员工G	10 9:00~13:00 / 4		4	4		4	4			4	4	4	4	4	4
①	预测顾客人数（人）		2500	2900	2750	2400	2400	2800	2600	2550	2650	3500	2700	2700	2850	2600
②	销售目标（千日元）	人均消费（日元）300	750	870	825	720	720	840	780	765	795	1050	810	810	855	780
		280	700	812	770	672	672	784	728	714	742	980	756	756	798	728
③	劳动时间目标（小时）	工时基准 0.53	39.7	46.1	43.7	38.1	38.1	44.5	41.3	40.5	42	55.6	42.9	42.9	45.3	41
		0.55	38.5	44.6	42.3	37	37	43	40	39	41	53.9	41.5	41.5	33.9	40
④	实际劳动时间目标(小时)		39	45	43	37	37	43	40	39	40	54	42	42	44	40
⑤	预测销售额		709	818	782	679										

图7-1 11月工作换班表

		大酬宾		T市S店赞助							制作健康火锅					公休次数	加班时间
		休市												盘货			
15 周日	16 周一	17 周二	18 周三	19 周四	20 周五	21 周六	22 周日	23 周一	24 周二	25 周三	26 周四	27 周五	28 周六	29 周日	30 周一		
627	737	786	639	688	762	639	614	688	725	590	614	700	651	614	688		34
93.8	110	117	95.6	103	114	95.6	91.9	103	108.5	88	91.9	104.7	97.4	91.9	102.9		
8	9		10	8	8	8	8		8			8	8	8	9	9	8
	8.5	9			8	8	8	8	8	8.5	8		8	8		9	4.5
8	8.5	8.5	10	8		8		8		8.5	8	8			9	9	9.5
8		8.5		8	8	8		8			8	8	9		9	9	4
4	4	4	4	3	4			4	3	4		4	4	4		9	–
8		8	8		8	8		8		8	8	8	8	8	4	9	–
8	9	8			8	8	8	8		8	8	7		8	8	8	–
	7	8	8		8		7	8	7			8	8	7	7	9	8
	4		4	4		4		4	4	4	4				4	10	–
2550	3200	3200	2600	2800	3100	2600	2500	2800	2950	2400	2500	2850	2650	2500	2800	81600	
765	960	960	780	840	930	780	750	840	885	720	750	855	795	750	840		
714	896	896	728	784	868	728	700	784	826	672	700	798	742	700	784		
40.5	50.8	50.8	41.3	44.5	49.3	41.3	39.7	44.5	46.9	38.1	39.7	45.3	42	39.7	44.5		
39.2	49.2	49.2	40	43	47.7	40	38.5	43	45.4	37	38.5	43.8	40.8	38.5	50.4		
40	50	50	40	43	48	40	39	44	46	37	39	44	41	39	50		

根据这一方法，工作分配仅有 7 种类型，并且采用了平均工时数，所以与实际必要工时数的差值也很小。因实施促销等计划外的活动，导致基本样本工时出现数量过多或过少时，可采用变更劳动时间的方法来应对。

根据月度预算确定各天销售额

图 7-1 中，根据总公司提供的月销售额预算，并基于顾客人数、人均消费、工时基准，规划出各天销售额与工时。依据星期、促销、天气等因素修正每天的销售额预算，推算出各天的销售额预算和计划工时。其顺序如下：

图 7-1 的案例中，月销售额预算为 20040 千日元，除以11 月 30 天，求得每天的销售额预算为 668000 日元。然后乘以星期、促销、天气等因素下的预算指数，确定各天的销售额预算。例如，11 月 1 日的销售额预算（614000 日元）由平均销售额 668000 日元乘以预算指数 92% 得出。

然后，在各天的销售额预算之外设定一个销售目标（②）。预测顾客人数（①）分别乘以部门的预测人均消费280 日元（公司预算）和 300 日元（负责人目标），得到销售目标为 280 日元×2500 人 =70 万日元、300 日元×2500 人 =75万日元。

最后，根据适用于部门的工时基准计算出劳动时间目标（工时）。

工时基准表示 1 万日元销售额所需的工时，可根据以下公式计算：

工时基准＝劳动时间÷销售额（万日元）

要提高工作效率、降低工时基准，只能减少必要工时或提高销售额。

劳动时间目标可根据以下公式计算：

劳动时间目标＝销售目标×工时基准

图 7-1 中，11 月 1 日的工时预算的选择区间如下：销售目标为 70 万日元，工时基准为 0.55（公司预算）时，劳动时间目标为 38.5；销售目标为 75 万日元，工时基准为 0.53（负责人目标）时，劳动时间目标为 39.7。根据这两个结果求出最终的实际劳动时间目标为 39 小时，并确定当天的出勤者、出勤时间及主要工作。

对于每位兼职员工的劳动时间，可设定好一个月间的劳动时间，然后在各天进行增减。这样可以使每个人的月劳动时间与日劳动时间目标并存。

对于工作分配，各工作负责人要根据物尽其用的原则，优先选用工作熟练者。特别是工作量较大的营业前工作，应该选用工作正确性高、速度快的人员。当工作空闲时，应当考虑锻炼兼职员工的能力，以此进行人员配置。

进行合理、节约的工作分配

各时间点工作分配的好坏决定了部门运营是否顺利。对于生鲜部门，应该以工作量较大的营业前工作为起点，确定工作分配。

但即便如此，也必须根据顾客人数和总销售额的变化，调整工作的顺序和时间。因为与卖场调整频率较低的食品杂货等部门相比，在生鲜部门的货架下层、堆头架、开放堆头架销售的商品每时每刻都在变化。

那么，让我们以鲜鱼部门为例，来看下各时间点的工作分配要点。

营业前的工作有六个要点。

第一，掌握加工/烹饪、装盘、打包、标价、陈列、日期管理、POP 安装、卖场检查等营业前所有工作的必要工时。

第二，确定陈列方法，选择多人一起陈列或负责人单人依次陈列。多人陈列更易于进行工作分配。

负责人单人陈列，出现生产跟不上而没有商品可进行陈列时，是去做其他工作还是听从课长的指示，这些必须事先确定好。

无论多少人负责陈列工作，分配工作时都应该根据营业前陈列工作的必要工时数，从营业时刻倒推计算。

第三，装盘、打包、标价的工作需要预测陈列所需的时间，分配工作时逆推到营业前 15 分钟或 30 分钟。我们本应该确定好每个工作的工时，但实际中却很难实现。因此，我们最好确定好从装盘工作到标价工作的必要工时数。

第四，加工/烹饪的工作可根据装盘工作到标价工作的开始时间进行逆推，分配工作。

第五，对营业前的重点工作——陈列、装盘到标价、加工/烹饪进行工时分配并确定好工作人员；对其他工作——收货、检查、商品搬运、保存、卖场清扫、日期管理、卖场全体检查等进行工时分配和工作分配。当兼职员工的工作时间超时时，由正式员工接手该工作。

此外，卖场清扫、日期管理、POP 制作等固定工作应该分配在每天相同的时间段进行。如果难以配置专职人员，则由加工/烹饪负责人承担，作为他们的固定工作。

第六，确定各个工作的出勤顺序，并再次明确各个工作的内容。

为了避免工作延误，负责人的出勤顺序按①加工/烹饪负责人→②装盘至标价负责人→③陈列负责人进行。

但是，当进行预准备时，也可以按①装盘至标价负责人→②陈列负责人→③加工/烹饪负责人的顺序出勤（各个企业有所不同）。

通过这一系列的程序进行营业前工作分配的话，可以将各天的目标工时减去营业前工作花费的工时后得到的剩余工时分配至营业后的工作中。营业后的工作分配中需要注意的是午饭时间的计划。

必须让工作 6 小时以上的人有一定的休息时间，但为了最大程度地减少加工到陈列工作之间的时间损失，可让工作人员按营业前工作的出勤顺序来获得休息时间。

另外对于下班时间，当发生突发事故等情况，预计顾客人数会大幅减少时，可在取得员工本人同意后让其早退，但减少的工作时间需要在其他时间补回来。

　　相反，当发生紧急事件，预计顾客人数会大幅增加时，可以让兼职员工延长工作时间，或让正式员工加班来弥补不足的工时。

　　当预定出勤的兼职员工突然缺勤，必须变更事先制定好的工作分配计划时，必须采取应对措施，诸如增加每次的陈列量来减少陈列次数等。

（奥田则明）

陈列、补充工作的改善

明确食品杂货部门的工作

可通过 POS 端读取商品条形码，轻松获取单品数据，并可统计出各时间段和每周各天的单品数据。

但另一方面，很难看到处理商品的人的行动，我们很多时候用"工作"这一抽象的语言来表述。

如同必须对商品进行单品管理一样，我们也必须对工作进行单品管理。我们可将工作分为几个单位，进行标记，掌握实际状态。

明确工作实际状态称为"工作明确化"，工作的单位称为"工种"，工种的内容称为"工作的定义"。

表7-1是对食品杂货部门进行的工作明确化。

工种分为以下 12 个单位：A（商品补充）、B（订购）、C（端架陈列）、D（卖场整理）、E（清扫）、F（吃饭、休息）、G（售价维护）、H（验收）、I（事务处理）、J（会议、集会)、K（支援其他部门）、L（其他）。

表 7-1　工作种类的明确化

标记	工种	工作内容
A	商品补充	①商品的补充、陈列 ②端架商品的补充
B	订购	①必备商品的订购 ②特价商品的订购
C	端架陈列	①从端架下架返回库存 ②端架商品的陈列 ③端架 POP 的安装
D	卖场整理	①整货
E	清扫	①卖场清扫 ②货架清扫
F	吃饭、休息	①午饭、晚饭、15 分钟休息
G	售价维护	①特价销售导致的售价变更、检查 ②POP 安装 ③POS 登记
H	验收	①质检 ②搬入仓库
I	事务处理	①制作发票 ②制作工作分配表 ③制作报告书
J	会议、集会	①早会 ②商品部门会议 ③店内会议
K	支援其他部门	①对其他部门的支援
L	其他	①仓库整理 ②门面销售 ③盘货等

酒类、食品杂货部门

　　我们必须注意工种的细分化程度。12 个分类中工作量较小的工种，其工作时间的构成比不足 1%。由于过度的细分会使工作分析混乱，所以工种的数目以 8～12 种为宜。

　　重点是要明确工作的定义，让每个人都在理解定义的基础上工作。卖场负责人要正确理解工作的定义，在进行工作调查、应用时，能用同一定义的语言进行沟通。

以 15 分钟为单位调查工作的实际状态

接下来，让我们调查一下食品杂货工作的实际状态。

首先，我们要准备好"工作调查表"。最好每张调查表可以调查每人、每天的工作。

具体操作如图 7-2 所示，纵轴以 1 小时为单位，横轴以 15 分钟为单位，在各个时间栏中，以工种标记记录下实际进行的工作。例如，当 10 点～10 点 15 分进行了商品补充时，在相应的时间栏内填入表示商品补充的标记 A。如果 10 点～11 点持续进行补充工作，则连续记录 4 个标记 A。

调查的实施方法

工作调查表				
	月	日	星期	每人每天记录一张
姓名	山田			
分				
	15	30	45	60
8点				
9点				
10点	A	A	A	A
11点	A	A	A	A
12点	A	A	F	F
13点	F	F	A	A
14点	A	A	A	A
15点	A	A	A	A
16点				
17点				
18点				
19点				
20点				
21点				

以15分钟为一个单位从以下工种中选出实际进行的工作并填入对应标记

A	商品补充
B	订购
C	端架陈列
D	卖场整理
E	清扫
F	吃饭、休息
G	售价维护
H	验收
I	事务处理
J	会议、集会
K	支援其他部门
L	其他

图 7-2　调查实际状态的工作调查表

为工作实施者在每次变更工作时进行记录。因为 1 天工作后汇总记录的话，有可能记忆模糊，影响调查的正确性。另外，调查需要进行一周时间，确保每人 7 天的调查结果。为保证调查表不丢失，每天下班时应进行调查表回收并保管在固定场所。

其次，根据工作统计表统计每个工种的时间（图 7-3）。

将工作调查表按天进行汇总，将一天的调查结果转记到一张工作统计表上。

转记的方法与工作调查表相同，将工种的标记填入以 15 分钟为单位的时间栏中。

完成所有人的转记后，以一小时为一个单位，求出各工

工作统计表				店	月	日	星期				
A 商品补充			B 订购	C 端架陈列	D 卖场整理						
G 售价维护			H 验收	I 事务处理	J 会议、集会						

姓名	分类	工作时间	8点	9点	10点	11点	12点	13点
姓名1	P							
姓名2	P							
姓名3	P							
姓名4	P							
山田	P	5.0			AAAA	AAAA	AAFF	FFAA
姓名6	P							
姓名7	P							
姓名8	P							
姓名9	P							
A	商品补充				1.00	1.00	0.50	0.50
B	订购							
C	端架陈列							
D	卖场整理							
E	清扫							
F	吃饭、休息						0.50	0.50
G	售价维护							
H	验收							
I	事务处理							
J	会议、集会							
K	支援其他部门							
L	其他							
	合计				1.00	1.00	1.00	1.00

图7-3　工作实际状态的统计

种的工时。图 7-3 中山田先生在 10 点左右连续出现 4 个表示
商品补充工作的标记 A。因为 1 栏为 15 分钟＝0.25 工时，所
以 0.25 工时×4＝1.00 工时。如果 10 点左右还有其他人进行
商品补充工作，则加上这部分工时。

因为工作统计表每天一张（人数较多时两张以上），调
查期间为一周，所以可得到每周各天的统计表，共计七张。

以时间段和星期将工作分析图表化

当被问到"今天的商品补充工时预计是多少"时，有多

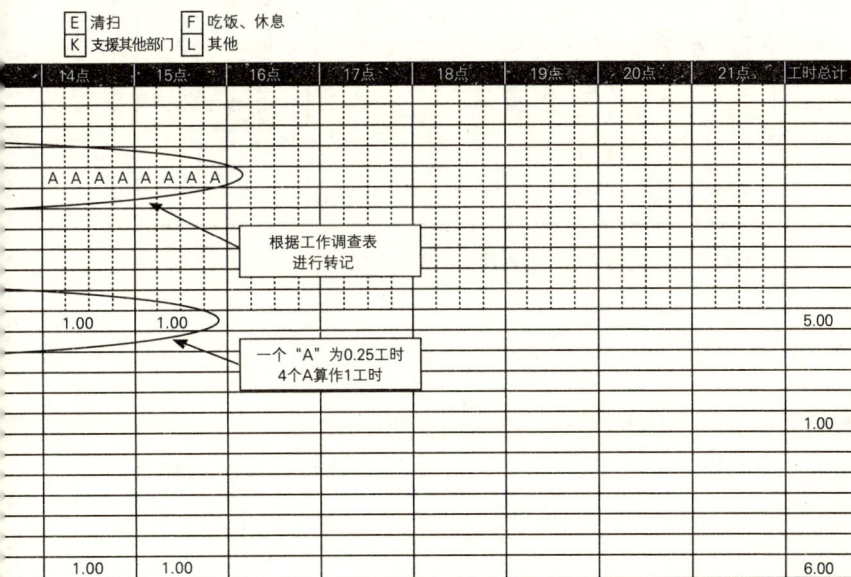

E	清扫	F	吃饭、休息
K	支援其他部门	L	其他

	14点	15点	16点	17点	18点	19点	20点	21点	工时总计
	A A A A A A A								
			根据工作调查表 进行转记						
	1.00	1.00							5.00
		一个 "A" 为0.25工时 4个A算作1工时							
									1.00
	1.00	1.00							6.00

少课长可以马上回答出来呢？恐怕屈指可数吧。

如果想凭感觉来理解工作的实际状态，可以将工作统计表图表化后进行观察。图7-4显示了一天工作中各时间点的工种的工时。各工种的工时相加，用柱状图表示。

××店	月	日	星期												
工种	9点	10点	11点	12点	13点	14点	15点	16点	17点	18点	19点	20点	21点	合计	构成比
商品补充	1.4	5.0	5.5	6.3	1.3	4.6	4.0	3.4	1.8	1.0	0.4	0.2	0.0	34.9	57%
订购	0.0	3.9	1.5	0.2	0.0	0.5	0.4	0.4	0.5	0.2	0.1	0.0	0.0	7.7	12%
卖场整理	0.4	0.6	0.1	0.5	0.4	0.4	0.3	0.5	0.4	1.0	0.9	0.9	0.0	6.4	10%
端架陈列	0.1	0.3	0.1	0.5	0.3	0.4	0.8	0.7	0.5	0.3	0.4	0.2	0.0	4.6	7%
售价维护	0.6	0.9	0.6	0.5	0.1	0.0	0.2	0.2	0.0	0.0	0.0	0.1	0.0	3.3	5%
事务处理	0.0	0.1	0.4	0.0	0.4	0.5	0.6	0.6	0.0	0.0	0.0	0.0	0.0	2.8	5%
会议、集会	0.2	0.0	0.0	0.4	0.1	0.0	0.3	0.2	0.2	0.1	0.0	0.0	0.0	1.4	2%
储藏室整理	0.0	0.0	0.1	0.0	0.1	0.0	0.0	0.0	0.0	0.1	0.0	0.0	0.0	0.3	1%
验收	0.0	0.0	0.1	0.0	0.0	0.1	0.0	0.0	0.0	0.0	0.0	0.0	0.0	0.3	0%
其他	0.0	0.0	0.0	0.0	0.0	0.0	0.0	0.0	0.0	0.0	0.0	0.0	0.0	0.0	0%
总计	2.8	10.8	8.4	8.4	2.8	6.5	6.7	6.0	3.5	2.7	1.8	1.4	0.0	61.7	100%

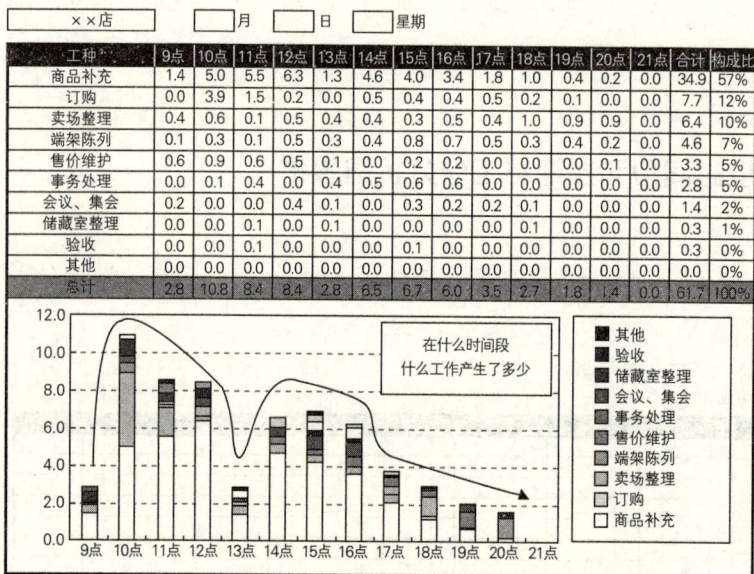

图7-4　各时间点的工作分析

根据这一图表可知，中午的工作较为集中，工种几乎都是商品补充。同时我们也产生了以下疑问：

·中午商品补充较为集中，商品在中午真的会被送到吗？

·本周其他日子也是同样的倾向吗？如果有不同，原因是什么？

·商品补充的构成比为57%是否妥当？本周其他日子的

情况是否有不同？

我们应该解答这些疑问，找出工作系统存在的问题点。

然后，用图表表示出每周各天的结果。

图7-5是各工种一天的工时按每周各天进行统计的结果。从星期和时间上来看工种的工时，可知"到货日商品补充的工时增加"等实际状态。

工种	周一	周二	周三	周四	周五	周六	周日	合计
商品补充	33.5	46.5	31.0	24.0	36.8	28.8	28.0	228.6
订购	2.3	1.5	9.5	2.1	2.4	3.7	9.8	31.3
卖场整理	6.8	4.3	5.5	9.3	5.8	6.3	7.3	45.0
端架陈列	7.0	0.3	11.8	2.5	3.3	3.3	4.0	32.0
售价维护	4.3	2.0	2.8	3.0	1.8	3.5	8.0	25.3
事务处理	3.8	0.5	1.0	3.0			2.5	19.5
会议、集会	0.5	1.0	1.3	3.5	在什么时间段什么工作做了多少		0.0	10.0
储藏室整理	0.3	0.0	0.3	0.8			0.3	2.3
验收	0.0	0.0	0.0	1.0			0.0	2.0
其他	0.0	0.0	0.0	0.0	0.0	0.0	0.0	0.0
总计	58.3	56.5	63.0	49.1	54.7	54.5	59.8	395.9

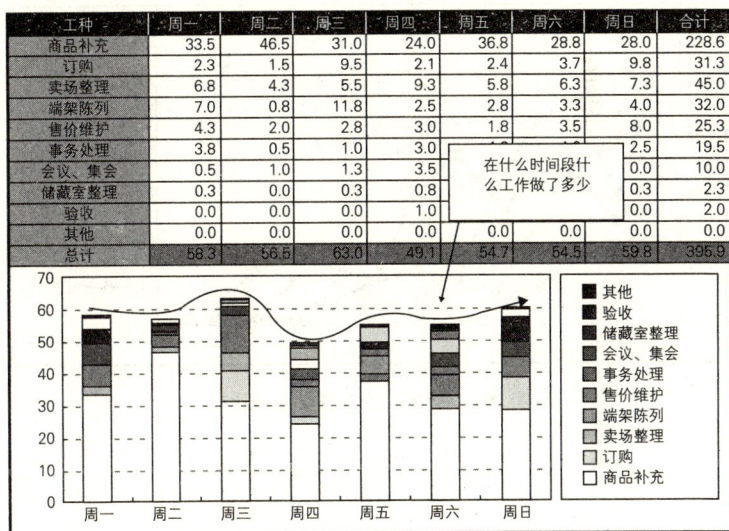

图7-5　每周各天的工作分析

此外，如果是连锁店，可通过与其他店进行比较来发现问题点。

图7-6是商品补充工种的各店、各时间点的工时比较。根据其结果可检查以下项目：

- 各店是否按计划好的工作系统进行；
- 什么原因导致店铺和其他店铺出现差异；
- 是否毫无理由地根据习惯进行工作。

	9点	10点	11点	12点	13点	14点	15点	16点	17点	18点	19点	20点	21点	合计
店铺1	39.8	20.0	38.5	44.3	9.3	14.0	15.3	5.8	12.5	6.8	3.0	1.3	0.0	210.3
店铺2	20.5	14.3	12.5	7.0	2.0	3.0	5.5	3.0	8.8	7.8	0.5	0.0	0.0	84.8
店铺3	48.8	23.5	42.8	39.3	26.3	8.5	10.3	8.8	11.3	13.8	10.0	4.5	0.0	247.5
店铺4	28.5	13.0	17.3	10.5	2.5	0.0	0.5	0.3	3.0	1.5	0.0	1.5	0.0	78.5
店铺5	29.0	35.8	31.0	19.0	6.3	10.3	4.5	3.0	1.3	0.5	0.0	0.0	0.0	140.5
店铺6	28.0	19.5	27.8	29.8	22.0	32.0	26.0	7.8	3.5	3.8	1.5	2.0	0.0	203.5

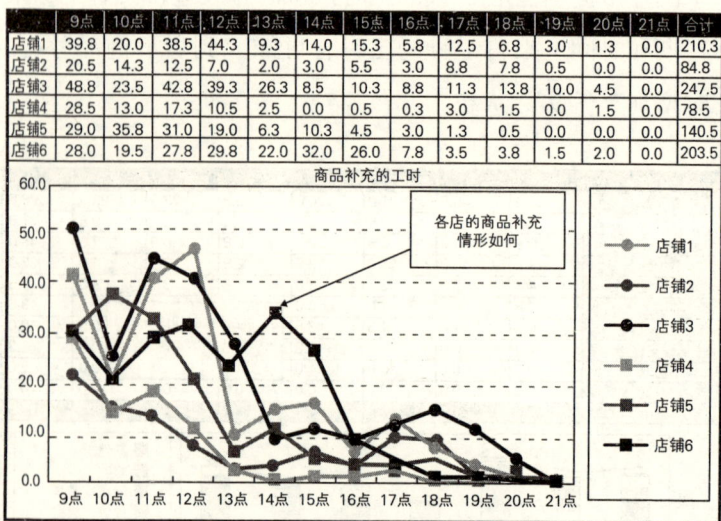

图 7-6　商品补充工作的各店比较

分析商品补充工作的生产率

　　但是，通过这样的分析很难知道工作量是否合理。我们并不能认为这样的工作实态就是正确的工作分配。

　　对于工时构成比最高的商品补充工作，我们可使用"（商品）补充生产率"的指标进行分析。

　　补充生产率是表示每个工时（一人工作一小时）的商品

补充数的生产率指标。例如，一天的商品补充数为 5000 个，商品补充所需的工时为 20 工时，则补充生产率为 5000 个÷20 工时 =250 个，即每个工时补充 250 个商品。

　　商品补充数等于由当天的进货发票计算出的进货数量。但是，补充库房库存或当天未进货时，需要调整进货数量。

　　图 7-7 显示了补充生产率的每周各天变化情况。

	周一	周二	周三	周四	周五	周六	周日	合计
商品补充工时	33.5	46.5	31.0	24.0	36.8	28.8	28.0	228.6
补充工时构成比	15%	20%	14%	10%	16%	13%	12%	100%
补充数	4250	15250	4850	4660	14366	5214	3200	51790
补充数构成比	8%	29%	9%	9%	28%	10%	6%	100%
补充生产率	127	328	156	194	390	181	114	227

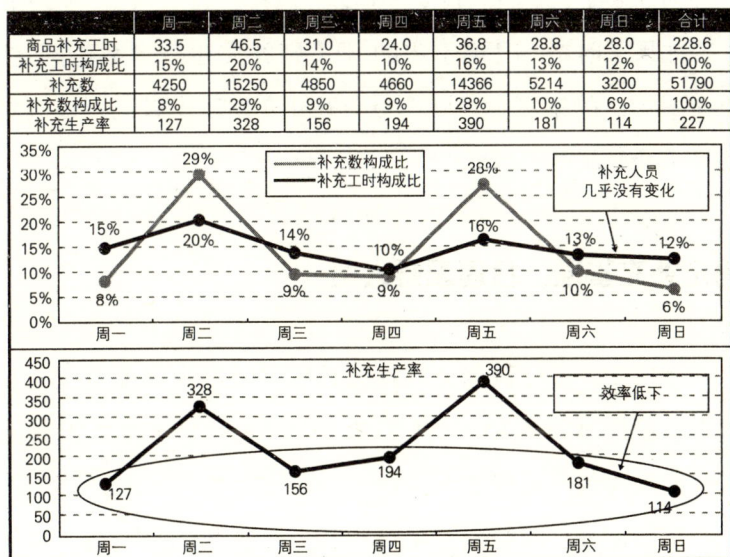

图 7-7　每周各天的补充数分析

　　上方的折线图表示补充工作的工时和商品补充数在一周内以 100% 比例显示的每周各天的构成比。

　　如果商品补充数一直对应着合理工时，两条折线应该会出现相同的波形，但事实并非如此。补充数在周二与周五较多，而工时并没有那么多。这是工作量和工时数的不一致所致。

下方的每周各天补充生产率折线图清楚地显示了补充数和工时的不对应。

例如，周一补充工时为 33.5 工时，补充数为 4250 个，则补充生产率为 4250 个 ÷33.5 工时 ≈ 127 个。周二的补充生产率为 328 个，是周一的 2.5 倍以上。

如果工时数与工作量相匹配，则补充生产率数值固定，但在图 7-7 的案例中，周二与周五补充生产率较高，该周其他日子补充生产率较低。

确定补充基准，合理配置人员

如何才能确保符合商品补充数的工时与人员配置呢？其基本依据是每周各天的"人员基准表（WSP）"（图 7-8）。人员基准表的制作过程如下：

①根据过去的数据算出每周各天补充数的平均值，将其作为每周各天补充数的基准（补充数基准）；

②根据以往的统计值设定补充生产率的基准（RE 基准）；

③用补充数基准 ÷RE 基准 = 商品补充工时，计算商品补充工时；

④设定每周各天商品补充工作以外的工作所需工时（其

他工时）；

⑤求出商品补充工时与其他工时的合计工时。

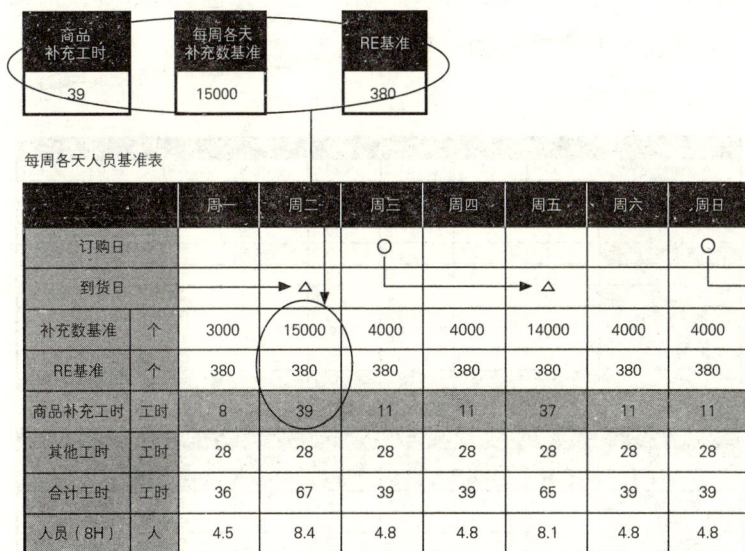

每周各天人员基准表		周一	周二	周三	周四	周五	周六	周日
订购日			○					○
到货日			△		△			
补充数基准	个	3000	15000	4000	4000	14000	4000	4000
RE基准	个	380	380	380	380	380	380	380
商品补充工时	工时	8	39	11	11	37	11	11
其他工时	工时	28	28	28	28	28	28	28
合计工时	工时	36	67	39	39	65	39	39
人员（8H）	人	4.5	8.4	4.8	4.8	8.1	4.8	4.8

图 7-8　明确每周各天的人员基准

例如，根据过去的数据求出的周一平均补充数为 3000 个、补充生产率的基准（RE 基准）为 380 个时，必要工时为 3000 个÷380 个＝8 工时。如果订购、卖场整理等其他工作的工时设定为 28 工时，则合计工时为 8 工时+28 工时＝36 工时。

按一天劳动时间为 8 小时计算，人员基准为 36 工时÷8 小时＝4.5 人。因特价销售等导致补充数超过基准时，按此修正工时。然后，根据 WSP 制订月出勤计划（MSP）。

图 7-9 为合计工时削减比例的计算。此时,是按其他工时未发生变化进行计算的。因一周商品补充的合计工时从 228.6 工时减少为 136.3 工时,所以总合计也从 395.9 工时减少为 303.5 工时,现状比为 77%,削减率为 23%。

现状

工种	周一	周二	周三	周四	周五	周六	周日	合计
商品补充	33.5	46.5	31.0	24.0	36.8	28.8	28.0	228.6
订购	2.3	1.2	9.5	2.1	2.4	3.7	9.8	31.3
卖场整理	6.8	4.3	5.5	9.3	5.8	6.3	7.3	45.0
端架陈列	7.0	0.8	11.8	2.6	2.8	3.3	4.0	32.0
售价维护	4.3	2.0	2.8	3.0	1.8	3.5	8.0	25.3
事务处理	3.8	0.5	1.0	3.0	4.8	4.0	2.5	19.5
会议、集会	0.5	1.0	1.3	3.5	0.3	3.5	0.0	10.0
储藏室整理	0.3	0.0	0.3	0.8	0.3	0.5	0.3	2.3
验收	0.0	0.0	0.0	1.0	0.0	1.0	0.0	2.0
其他	0.0	0.0	0.0	0.0	0.0	0.0	0.0	0.0
总计	58.3	56.5	63.0	49.1	54.7	54.5	59.8	395.9

改善后

工种	周一	周二	周三	周四	周五	周六	周日	合计
补充数	4250	15250	4850	4660	14366	5214	3200	51790
RE基准	380	380	380	380	380	380	360	380
商品补充	11.2	40.1	12.8	12.3	37.8	13.7	8.4	136.3
订购	2.3	1.5	9.5	2.1	2.4	3.7	9.8	31.3
卖场整理	6.8	4.3	5.5	9.3	5.8	6.3	7.3	45.0
端架陈列	7.0	0.8	11.8	2.5	2.8	3.3	4.0	32.0
售价维护	4.3	2.0	2.8	3.0	1.8	3.5	8.0	25.3
事务处理	3.8	0.5	1.0	3.0	4.8	4.0	2.5	19.5
会议、集会	0.5	1.0	1.3	3.5	0.3	3.5	0.0	10.0
储藏室整理	0.3	0.0	0.3	0.8	0.3	0.5	0.3	2.3
验收	0.0	0.0	0.0	1.0	0.0	1.0	0.0	2.0
其他	0.0	0.0	0.0	0.0	0.0	0.0	0.0	0.0
总计	36.0	50.1	44.8	37.4	55.7	39.4	40.2	303.5
现状比	62%	89%	71%	76%	102%	72%	67%	77%

图7-9 工时合理分配的改善效果

改善构成比较大的商品补充工作,能有效削减工时。

(白部和孝)

端架的工作改善

商品频繁更换、分种类陈列、特价销售用的必备商品与端架的混合（二重）陈列等，导致端架销售额的测定十分困难。即使通过 POS 收银机的一般功能，也很难正确测定端架的销售额。

因此，想掌握端架的销售额，需要满足以下条件：

①缩短调查时间，尽可能避免端架商品更换；

②在陈列的商品上印上本公司的编码，并在源标记上贴上本公司的条形码标签；

③在印有本公司编码的商品标识上登记端架的货架编号。

总之，为掌握一直变化的端架销售额，必然会对系统和卖场运营造成很大的负担。

表 7-2 显示了顾客和零售商所需的端架条件。

这些过去就被提出过，至今依然有效，但通过使用 POS 进行的科学验证，明确了新的观点。新观点认为，对端架的销售额影响最大的是路过的顾客人数。比起陈列的商品种类，端架前路过的顾客人数对销售额的影响更大。

表 7-2 端架陈列的目标和效果

零售商的角度

1	希望大量销售该商品
2	希望将关联商品放在一起，增加购买件数
3	希望做出极具魅力的柜台，吸引顾客光临
4	希望陈列必备商品卖场没有的商品
5	希望改变卖场，激发顾客购买欲

顾客的角度

1	希望卖场能积极引入新商品，让自己快乐地购物
2	希望超值商品能在显眼的地方销售
3	希望可以在一个地方买到关联商品
4	希望可以用便宜的价格买到目前必需的商品，没有断货
5	希望时不时地可以买到平时买不到的商品

适合端架陈列的商品

1	购买频率高的商品
2	认知度高的商品
3	易于销售的商品
4	季节商品
5	可储存的商品
6	SB 商品、重点商品
7	可在特价销售等活动中大量出售的商品
8	低单价商品
9	日常使用的商品

端架陈列的要点

1	一定的周期后更换新的主题
2	通过价格等因素吸引顾客
3	展现分量感，提高关注率
4	选择贴近生活的主题，进行关联陈列
5	不开设剩货处理端架
6	组合特价销售端架和必备商品销售端架，提高效率

因此，为了提高销售效果，应该在路过顾客人数最多的端架上陈列最畅销的商品。具体的位置为生鲜卖场对面的主通道两边，特别是入口正面相对的尽头部分。

另外，提高销售效果的原则如表 7-3 所示。重要的是根据这些原则布置卖场。

表 7-3　提高端架陈列销售效果的九项原则

端架陈列的最大原则为

原则 1	端架销售受路过端架的顾客人数的影响很大。

各通道的端架位置和销售额的关系

原则 2	生鲜方向的通道，靠近入口位置销售效果较好。
原则 3	中央通道、收银通道，位于入口反方向位置销售效果较好。

端架的货架位置和销售额的关系

原则 4	端架最下层销售额非常大。
原则 5	只陈列畅销商品时，横向陈列；畅销商品与其他商品一起陈列时，纵向陈列，这样销售效果较好。

端架商品的构成和销售额的关系

原则 6	PI 值越高的商品端架销售效果越好。
原则 7	端架销售额采用包含关联商品的复数陈列，会比单品陈列的销售效果更好。
原则 8	类别混杂的剩货端架会降低销售额。

端架突出陈列和销售额的关系

原则 9	下层过于突出，会降低中、上层的销售额，导致端架整体的销售额下降。

　　图 7-10 是端架商品更换次数与卖场效率的关系图。该折线图的横轴为一年内端架商品更换次数，纵轴为销售额或工时数。如果商品更换次数为 26 次，则意味着每两周需要进行一次端架商品更换。

　　根据折线图①可知，如果商品的更换次数较多，则卖场充满活力，销售效果也会有所提高，但随着商品更换次数的增加，销售额的增长趋势逐渐减缓。此外，如折线图②所示，端架商品更换的必要工时数与商品更换次数的增长成正比，呈直线增长。根据折线图①、②可推导出表示商品更换次数与工时销售额关系的折线图③。

　　端架的工时销售额在一年 52 次商品更换时达到最大值，随后递减。随着商品更换次数的增加，销售额的增长趋势会减缓。而另一方面，因每次商品更换的必要工时是固定的，

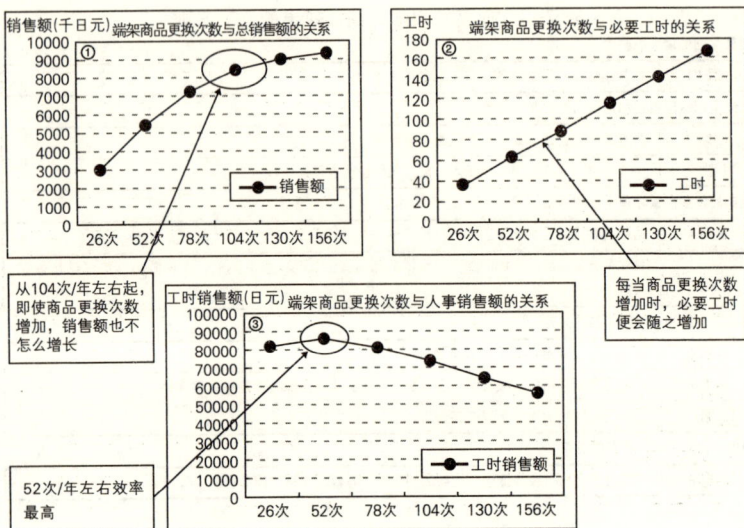

销售额(千日元) 端架商品更换次数与总销售额的关系
10000
9000
8000
7000
6000
5000
4000
3000
2000
1000
0
26次 52次 78次 104次 130次 156次
①
销售额

工时 端架商品更换次数与必要工时的关系
180
160
140
120
100
80
60
40
20
0
26次 52次 78次 104次 130次 156次
②
工时

从104次/年左右起，即使商品更换次数增加，销售额也不怎么增长

每当商品更换次数增加时，必要工时便会随之增加

工时销售额(日元) 端架商品更换次数与人事销售额的关系
100000
90000
80000
70000
60000
50000
40000
30000
20000
10000
0
26次 52次 78次 104次 130次 156次
③
工时销售额

52次/年左右效率最高

图7-10 端架商品更换次数与卖场效率

所以产生了工时销售额增减的分歧点。

因端架陈列必须具备相应的技术，不少店铺是由正式员工负责端架陈列的。为了实现陈列工作的标准化，应该对雇用兼职员工负责此项工作的情况进行整顿。

依据食品杂货部门工作分析的结果，端架陈列所花费的工时比例大多不超过所有工种的10%（售价变更的系统化及其他部门的支援会有所不同）。

因此，在日常的卖场运营中，有计划地进行商品更换十分重要。为此，我们需要明确 RE 基准，根据 LSP（Labor, Scheduling, Program）来计划工作（图7-11）。

端架搭建工作的时间（每个端架）

	工作内容	时间（分）	构成比
1	从端架返回库房	14	28.0%
2	端架商品搬入到卖场	10	20.0%
3	端架商品的陈列	22	44.0%
4	POP的安装	4	8.0%
	总计	50	100.0%

端架陈列RE基准的设定

	工作时间（分）		1小时		可变率		每个工时
RE基准 =	50	÷	60	×	1.2	=	1.0

（例）搭建5个端架所需的必要工时
1工时 × 5个 = 5.0工时

周搭建端架基准

	周一	周二	周三	周四	周五	周六	周日	总计	
端架个数	2	1	1	3	0	2	1	10	个
必要工时	2.0	1.0	1.0	3.0	0.0	2.0	1.0	10.0	工时

图 7-11　根据 LSP 制定的效率端架陈列计划

端架陈列工作分为以下四个部分：

①撤去端架剩货，放回至库房等处；

②从库房搬出新的端架商品；

③将商品陈列到端架上；

④设置 POP 或图示板等助销物。

用秒表测算这些工作的时间，根据其结果，设定搭建一个端架所必需的工时基准值（RE 基准）。

在图 7-11 的案例中，四个部分工作的合计工时为 50 分钟，将其换算成小时单位并乘以可变率（120%），可得出基准值为 1.0 工时（端架陈列的 RE 基准＝合理的期待值，两名工作人员的话可各分配为 30 分钟）。

根据这一 RE 基准制订每周各天的端架计划。图 7-11 的案例中，一周内计划进行 10 个端架的更换，可对应每周各天的计划个数计算出必要工时，并根据 LSP 运用在实际工作中。

（白部和孝）

第 **8** 章

领导能力
与员工教育

　　课长不是自己工作，而是必须指示员工工作，经营所负责的部门。为此，课长必须具备领导能力并有计划地进行员工教育。

技能教育的程序和要点

要点 1 **抓住兼职员工教育的要点**

首先，要抓住兼职员工教育的要点。

兼职员工主要是家庭主妇，这是超市的现状。

她们作为家庭主妇，虽然拥有消费直觉和生活感觉，但在超市工作现场，需要的远比这些多。

她们必须记住所在部门频繁使用的专用术语、知识、商品特性和旺季，并站在卖方的立场上将其介绍给顾客。

因此，课长教育兼职员工时，首先需要让她们记住这些专用术语或商品的相关知识。为此，商品部或课长应该制作专用语、商品知识等相关资料文件。

第二个要点是工作分类，即判断让何人学习何种工作内容。

例如，将处理重物的工作交给女性兼职员工的话，工作效率会很低。将高难度的工作和需要专业素养的工作交给兼职员工的话，能应付的人也很有限。

要点 2　思考教育项目

在兼职员工的教育问题上，以下三点非常重要：

①明确每个人的作用和目标；

②设定目标工作的学习周期；

③确认教育方法 [OJT、Off JT (Off the Job Training，脱产教育培训)、集体、个人]。

这三点的前提条件是严格遵守"受教育者的机会均等"。最重要的是谁都能够以相同的速度接受相同内容的教育。

此外，需要注意不同教育者所教的内容不能出现差异。为了防止出现这种情况，要将教育内容明文化，并传达给所有兼职员工，这十分重要。

表 8-1 是与兼职员工工作及所需知识相关的教育项目。

表 8-1　兼职员工的教育项目（工作内容和知识）

级别	项目分类	项目内容	时间	确认
1	卫生	卫生知识、食物中毒与洗手、服装/仪容	1 周	教测
1	职场用语、知识	待客用语、销售额、毛利、损失、加价等语言的理解	1 周	教测
1	职场用语、知识	工作场所的器具/备用品的称呼、判别和用途	1 周	教测
1	职场用语、知识	卖场的器具/备用品的称呼、判别和用途	1 周	教测
1	初步工作	装盘、包装、标价	1 周	指测
1	初步工作	商品陈列、补充、卖场的整理/整顿、清洁、清扫	1 周	指测
1	初步工作	工作场所的定向定位、清洁、清扫	1 周	指测
2	公司组织	理解公司组织结构，识别负责人（记住面容和名字）	1 个月	教测
2	部门工作	部门工作的流程	2 周	指测
2	现场数值	销售额、毛利、损失的计算	1 个月	教测

（续表）

级别	项目分类	项目内容	时间	确认
2	商品鲜度	鲜度管理的基本知识	2个月	教测
3	商品知识	商品的称呼和特征（活动和旺季、烹饪和烹调）	2个月	教测
3	卫生知识	细菌、食物中毒、寄生虫的知识、卫生管理	3个月	教测
3	菜谱、营养	食品的营养、菜谱的提案	6个月	教测
3	意见处理	意见处理账目的开票方法	6个月	教测
3	廉价销售、废弃	廉价销售的价格设定、废弃处理	6个月	指测
3	卖场开设	柜台开设、装饰制作（POP、器材安装）	6个月	目视
3	竞争调查	价格调查、卖场调查	6个月	报告
3	订购	负责商品的订购	6个月	报告
3	工作委托	根据卖场、工作进行工作委托	6个月	目视
3	盘货	盘货计算	1年	测
3	系统机器	销售数据的确认（对比方法的灵活运用）	1年	目视

＊教测：教科书内容测试；指测：使用说明书内容测试；目视：观看确认；报告：报告书的确认或制作；测：测试

表8-1的左端是兼职员工的级别，其右边是各等级的学习项目和内容，最右边是学习目标项目所需的时间、使用的教材和评价方法。

制订教育项目有以下三个要点：

第一，对应兼职员工的等级教授合适的学习内容。

突然向刚进公司的兼职员工教授生涩的知识是不行的。如表8-1所示，员工可从卫生管理的基础知识开始学习，大体掌握所负责部门的工作，然后再学习统计数据的运用和廉价销售的方法等。关键在于逐步提升学习层次。

第二，明确学习所需的时间。

明确学习期限，可以激励本人，也能够有计划地进行人才培养。如果员工无法在规定的时间内完成学习，则由课长和其确认原因，以解决问题，推进教育。

第三，预先确定教材和评价方法。

在表8-1的项目中，教材使用教科书和指南，评价方法采用测试、目视、报告的方式。工作不同，需要学习的教材和评价方法也不同。

下面的表8-2是水产部门的工作教育项目。

表8-2　兼职员工的教育项目（水产部门工作）

工作分类		工作内容	对象班级与学习目标时间		
			兼职员工1	兼职员工2	兼职员工3
搬运	质检	核对发票和商品（价格、品质、数量）	1个月		
	搬入	从搬入到整理、保管	1周		
	垃圾处理	分类处理	1周		
烹饪、加工（色泽、速度等见附件）	烹饪A	鳃、内脏的处理和切块		3个月	
	烹饪B	特殊加工（鳗鱼、海鳗、生金枪鱼、老头鱼等）			2年
	生鱼片A	单品生产（金枪鱼、鲣鱼、乌贼、章鱼等）	1个月		
	生鱼片B	同上（剔生鱼片，2~3件装盘）		3个月	
	生鱼片C	特殊生鱼片（高级贝类、河豚、切薄生鱼片、冷鲜生鱼片儿、全鱼生鱼片等）			2年
	烧烤A	对切块、鳗鱼、丸子等进行简单的盐烤或涂汁烧烤	2周		
	烧烤B	串烧、撒装饰盐、鸡蛋烧等			1年

工作分类		工作内容	对象班级与学习目标时间		
			兼职员工1	兼职员工2	兼职员工3
装盘标记	清洗	用适当浓度的盐水清洗	1周		
	筛选	大小、鲜度、均等比例的筛选	1个月		
	装盘	2~3条装，1条鱼分3份或5份等	1周		
	标价A	记录商品检索、背诵编码（100种以下）	1个月		
	标价B	背诵编码（100种以上）、新品登记		3个月	
	包装机	启动、包装纸更换	1周		
加价	成品率计算	一次成品率、加价的计算		3个月	
	售价计算	参考损失率，根据乘积进行售价设定			1年
卖场管理	陈列补充	补充规定的排面	1周		
	卖场变更	柜台变更、货架陈列方式变更			3年
	温度检查	填写检查表	1周		
	下架次品	包括没过保质期的商品	1个月		
	下架剩货	卖场剩货和处理方法的指定			1年
	廉价销售处理A	被要求的廉价销售	1个月		
	廉价销售处理B	考虑库存、订购情况后的廉价销售			2年
鲜度管理	日期检查	过期商品	1周		
	品质检查	陈列商品、进货商品			1年
	二次加工	各目标鲜度的判定			1年

工作分类		工作内容	对象班级与学习目标时间		
			兼职员工1	兼职员工2	兼职员工3
待客销售	待客A	运用商品知识待客（烹调、营养）	1个月		
	待客B	运用商品知识待客（产地、市价）、试吃销售		6个月	
	店内广播	运用商品知识待客（产地、市价）、试吃销售			1年
	特卖会销售	演示销售、试吃销售等			1年
	投诉处理	可由卖场负责人记录在投诉处理的账目上			3年
工作场所管理	清扫	使用各种洗涤剂进行清扫	1周		
	备用品管理	定物定位的整理、整顿	1个月		
	菜刀研磨	厚刃菜刀、生鱼片菜刀		6个月	
	包装机修整	包装机、标价机等的修整和保养			1年
	数据处理	从包装机获取生产数据			2年
订购	库存确认	包装材料、腌制食品		3个月	
	商品信息	总公司信息的确认、行业报纸信息的确认			1年
	生鱼	库存确认、销售信息的确认、熟知旺季信息			2年
	冷冻鱼	库存确认、市价信息、销售信息			1年
	腌制加工鱼	库存确认、市价信息、销售信息			1年
	消耗品	库存确认、销售信息		3个月	
盘货	周盘货	检数、检量、金额计算		6个月	
	月盘货	盘货计算			1年

工作分类		工作内容	对象班级与 学习目标时间		
			兼职 员工 1	兼职 员工 2	兼职 员工 3
事务工作	发票处理	数量更正和价格更正、退货商品处理			1 年
	销售管理表	销售额、利润管理的账目制作			2 年
	销售计划书	各月、周、日的销售计划			3 年
	人员配备	工作换班、MH 管理表、工作分配			2 年
	经费管理	工时卡、部门调动、备用品购买			3 年
其他	竞争店调查	划定竞争店、划定调查项目			1 年
	销售报告	制作报告书			2 年
	员工教育	制作日程表、熟知指南			3 年
	打烊检查	气、水、电、卫生管理、锁门、次日准备			1 年
	防火检查	检查消防栓和灭火器			1 年

﹡等级 3 基本上等同于负责卖场工作的正式员工。兼职员工 1~3 指初级、中级、上级。

　　在这一项目中，也对应兼职员工的级别，将工作分为了搬运、烹饪/加工、卖场管理、订购等 12 种工作，并确定了施教的内容。与表 8-1 的项目相同，关键在于设定所学工作内容和学习时间的目标。

　　要想制订部门的教育项目，必须调查部门所进行的所有工作，明确各个工作的内容，并根据工作的难易度整理出教学顺序。

　　依据工作调查，还可进一步完善工作指南的内容。

要点3　准备有效教材

为了有效地教育兼职员工，必须具备良好的教育环境，尤其要准备好教材和确保教育时间。教材问题在前面论述过，首先必须有指南或教科书来规定各个工作的内容、基准。

这不仅适用于兼职员工的教育，也是全体员工提高技能、实现工作标准化的必要条件。商品部应使用照片和图解，制作工作具体流程和要点易于理解的教材。

第二个重要内容是评价工具。

评价工具可以准备：定期进行的测试（笔试和技能测试）、确认学习状况的工作检查表等（表8-3）。

表8-3　水产部门的工作检查

分类	检查项目	评价基准				备注
		上	中	下	分数	
	时间	分		秒		· 超过指定时间为0分 · 提早完成时，以5分为基准，每5秒+1分
技术能力	外观	5	3	1		· 是否饱满 · 外观是否漂亮
	刀法	5	3	1		· 切口是否工整
	色彩控制	5	3	1		· 色彩是否均衡
	鱼类布置	5	3	1		· 高级鱼类是否陈列在左上方或右上方 · 便宜的材料是否陈列在右下方（标签处）
	配菜的陈列方法	5	3	1		· 左上方是否最多，背面整体是否都较多 · 配菜是否溢出
	搭配物的使用方法	5	3	1		· 是否较好地进行了使用（均衡与色彩控制） · 是否使用过度
	加价率				%	· 如果未能达到指定的加价率则为0分 · 达到加价率时，以5分为基准，每1%+1分
一般能力	砧板的污渍	5	3	1		· 砧板洁白时，得5分
	鱼的处理	5	3	1		· 鱼的处理是否仔细 · 如果未过度处理鱼，则得5分
	毛巾的污渍	5	3	1		· 洁白时，得5分
	菜刀的卫生情况	5	3	1		· 闪闪发亮时，得5分 · 整体状态良好时，得5分
	菜刀的快钝情况	5	3	1		
	总计					

*超过指定基准的不作为评价对象。
*加价率既不能高于指定基准也不能低于指定基准。高于指定基准的情况下，3%为可允许的上限。但低于指定基准的情况下得0分。

测试的目的是让员工学会工作，因此希望大家不要单以最终分数来评价，而要从是否学会工作的角度来评价。

评价工作应在教育项目的学习时间末进行。工作检查表的目的是让本人按照检查项目，确认自己对该工作学习到了何种程度。

要点4 确保充足的教育时间

员工教育中确保教育时间十分重要。

由于员工人数较少、工作级别较低，现实中想进行员工教育，也抽不出时间。

因此，为了在有限的时间内进行员工教育，我们必须根据教育内容仔细思考教育方法和时间。

例如，数值管理、业务报告等无须使用菜刀和设备的工作，可由店长负责教育工作，并与其他部门协同进行。

另外，我们应该考虑从相对空闲的工作时间中抽出时间作为教育时间，诸如上午安排非生鲜部门学习，下午安排生鲜部门学习等。

如果能预先准备好教科书等教材，则既可以教授全体教育对象相同的内容，也能够让员工进行自我学习。

在使用道具和设备的技术教育中，采用的是 OJT 方法，在实际操作中课长必须耐心地示范，让员工尝试操作，否则员工很难学会技术。菜刀的用法、管理方法、机器操作方法等项目可与其他部门共同进行集体教育。

表 8-2 中的工作技术教育项目旨在让员工在两周内学会基本工作。虽然大多数店铺兼职员工的工作时间为 4 小时，但在录用后的几周里，可设定工作时间为 5 小时，从 12 点开始进行 1 个小时的 OJT 教育。

要点 5　确定从教育到评价的流程

教育方法有 Off JT 与 OJT。Off JT 以大群体为对象，以学习知识和基本技术为目标。与之相对的 OJT 则是在实际的工作场所中，对原材料的切割工作等进行一对一教授的教育方法。

一般常在 Off JT 的集体教育后进行 OJT 教育，我们必须根据最终目的选择教育方法，实施有效的员工教育。

虽然 OJT 是一种高效的教育方法，但如果教授内容不明确，则容易受教育负责人的影响导致工作学习出现差异。因此，必须统一教育内容和时间安排。

很少有店铺像安排 OJT 教育一样有意识地安排 Off JT 教育。如果 Off JT 教育能取得成果则可以鼓舞士气，但这常常需要员工本人的自我启发。我们应该设定课题，诸如借给员工收录加工技术的 DVD、推荐图书、整理视察店铺目录等，以促进员工进行自我启发。

另一方面，在提高教育效果上，有以下几个共通的条件：

·教育内容与实施时间

首先，实施时间十分重要。

例如水产品等的加工、烹饪教育必须在鱼类上市的季节进行，因为上市时期鱼类丰富且价格便宜。肉禽则没有这样的问题。

此外，随着生鱼片的商业化，如果想招聘兼职员工并让其学习加工技术，在春季进行大量招聘较为理想。在竹荚鱼、乌贼、鲣鱼便宜时期进行技术教育，较早时可以赶上旧历盂兰盆节，较晚时也可以在年末商战中，发挥主力作用。

不从事使用菜刀工作的兼职员工可随时进行招聘，在一个月的初期教育后，可通过轮岗提升其技术能力。

·目标设定与评价

员工教育如果根据工作年数，确定并实施何种工作在何时之前学会的目标，成果会出现差异。

评价的目的是衡量员工对商品、销售知识、卖场工作的经验和内容的学习程度。而对于加工技术，还要考虑其正确性、外观、所需时间等条件。

水产部门必须每月设定一次测定日对加工、烹饪工作进行测定，从而确认工作的正确性、所需时间与商品外观，掌握每位员工的技术级别。为提高教育效果，可对相同工作进行反复、集中教育。

此外，教育对象参加考试是一种义务。

技术考试每年进行 2 次，分别在 7 月和 11 月。笔试与口试的知识练习测试每年进行 4 次，分别在 7 月、10 月、1 月、4 月。知识学习测试的出题内容是专用术语、商品知识和销售知识，测试结果应反映到薪资上。

要点6 教授原理提高效果

为了提高 OJT 教育的效果，应在工作现场进行实践教育。在现场指导员工从事工作，能够提高员工的积极性，让专业知识更易于理解。

此外，让员工观看操作的同时教授每一个动作和方法的意义也十分重要。员工如果掌握了原理，就可以运用到其他工作和商品上。

OJT 的指导必须由受过一定教育的人负责，必须遵守指南中的教授方法。

不同的负责人教授的内容不同的话，会让员工产生混乱。

（细川良范）

"经营管理"的强化策略

商务＆日常交流技术

对部门课长而言，为了让工作顺利进行，必须能熟练进行商务交流和基础日常交流。

（1）商务交流

商务交流中最重要的一点是课长首先要切实理解自己希望传达的内容。

传达时要明确 5W1H［what（什么事情）、where（什么地点）、when（什么时候）、who（什么人）、why（为什么）、How（如何）］，避免"大概""也许"等模糊的表达，尽可能地转换为具体数字。由于专用术语存在经验年数与知识量等个人差别，所以要按照接受者的水平选择使用。

由于信息量很大，个人所拥有的信息量会存在限度或偏差。重要的不是要求每个人都拥有信息，而是为每个人提供一个可在队伍中、组织中畅所欲言的环境，收集每个人拥有的信息并进行详细探讨，实现信息的"共有化"。有时候必须把信息内容传达给上司，进行"报告、联络和商谈"。

①面对店长、副店长的商务交流

主动地去了解上司的指示和命令，这种态度十分重要。当然，这并不是说让你轻易答应或成为不干实事的"只会听命令的人"。

重要的是即时解决自己的疑问和问题，诸如"目标或目的是什么""期待什么""想怎么做""为什么"等。要充分理解指示和命令的内容，将其转化为"自己的东西"。想要充分理解的态度表示的是能动、积极的意思。

我们虽然可以使用 TPO（Time，Place，Occasion，时间、地点、场合）的方法，但绝不能忘记这些基本态度。

· 报告

常规的报告须毫无遗漏地定期进行。碰到自己外出等情况时，可让代理人代为报告。正规的报告需要根据状况迅速进行。尤其是投诉问题，要慎重且迅速地做出处理，有时候不能擅自做出判断，要与上司商量。

对于指示、命令，不论日期和时间，都必须报告经过和结果。

· 销售结果的报告

报告书不仅可以使用数值，还可使用照片等汇总出顾客的反馈和卖场状况。报告书中还应记述课长自身的反省和考察，以及之后的提议等。

· **交接联络**

课长休假时，需要在休假的前一天任命休假期间的代理人，交接业务工作并向上司汇报。

②面对下属的商务交流

· **尊重下属**

课长平时要尊重下属的人格，避免使用居高临下的说话方式。

课长必须根据下属的反应辨别其是否充分理解了自己说的话。如果尚未理解，则应征求其意见，寻找其存在疑问或无法理解的原因。

在工作上，虽然必须做到公私分明、张弛有度，但温和应对也是必需的。

称呼下属姓名时，应在名字后面加上敬称"先生/女士"。不应直呼其名或使用"阿姨""喂"等说法。

· **视下属为伙伴**

应将下属当作自己的伙伴来对待。对于因自己是兼职员工等而有所顾虑的员工，课长应该让他们明白，除了工作时间有所限定外，其工作的内容、责任与正式员工是相同的。

· **简短交流**

课长的作用就是在提高自身能力的同时，激发下属的潜力，提升团队能力。为此，对待下属要结合他们的情况，热情地给予指导和鼓励。由于员工擅长的领域和指导所需的时间有所差异，所以最好采取一对一的方式进行教育。

另外，在日常业务中给予员工建议，与其保持有效的沟通也十分重要。

·指派工作

当指派下属新的工作时，不仅要指导他们工作的方法，还要向他们说明工作的目的、目标、必要性和重要性等背景知识。

为了让下属尽快学会工作内容、提高工作效率和工作技能，课长应毫无保留地传授自己至今所学，以及自己总结的技巧和关键。

有时候还要请店长或监管经理等提供支持。

·"报、联、谈"

应向下属说明报告、联络、商谈的必要性，并进行实践。需要注意的一点是不能对下属放任不管。在下属养成习惯前，报告、联络、商谈的频率应优先于内容。还要让他们表达出易于交流的"自我经验"。

③与其他部门课长的商务交流

·认识到自己是员工中的一员

课长需要认识到，对顾客而言，自己作为部门的负责人之前，是店铺的一名员工。因此，要认识到其他部门是自己的工作伙伴，这一点十分重要。

例如，营业前的工作中，会出现店铺工作和各部门工作的优先顺序有所差异的情况。

某些决策对于部门而言也许是正确的，但对于店铺整体而言未必是正确的。紧急时刻，要跨越部门间的壁垒进行通力合作，让卖场以良好的姿态迎接顾客。

·信息共享

在促销活动中表现得更为明显。因为单个部门无法举办食品展。

对于节日、活动、季节、菜单等信息，各部门如果能做到共享，就可以轻松地开展活动。

·部门间的调整

我们必须根据顾客的需求和营业数据，频繁地进行磋商，进行各部门间的调整。

调整的具体内容上至商品品种、品质、价格等，下至员工的状态、协调性、服务水平等。各部门间应相互切磋研究，以促进经营管理的顺利进行。

④与商品部的商务交流

·询问厂家信息

商品部的工作性质，决定了其拥有商品、厂家等丰富的上游信息，课长要积极地收集这些信息。

·对政策的理解

商品部采购商品的背后必然有意图和数据。如果课长不关心这些，有可能因无法理解而导致错失机会。课长应通过大胆假设或直接进行确认，努力确定并理解商品部的意图。

·顾客信息的传达

将卖场的销售情况与顾客的反馈等最新信息（特别是数据上未体现的部分）反馈给商品部。

店铺间经营情况会因商业圈内的节日、活动与地区特性等的不同而各不相同。关乎新商品需求的商品品种情况，以及包含百货店等在内的竞争店相关信息的时效性十分重要，因此我们必须将其迅速传达给商品部。

·结果报告

根据商品部的计划运营卖场，并将销售结果报告给商品部。为了便于下次计划的制订，还需要在报告中添加课长考察或提案的内容。

为了进一步提高顾客的满意度，在进行计划外的工作时，我们应该事先和上司商谈，取得书面同意。

（2）一般交流

一般交流是日常生活中不可或缺的部分，内含商务交流前的礼仪和技巧，这会在很大程度上影响别人对自己的评价。

①方向要点

双方交流的关键是善于倾听。为了更好地与对方交流，尊重对方、体谅对方非常重要。

传达型交流的关键是正确传达内容主旨，要在将传达内容转化为文字及整理对话上下功夫。

②**行动要点**

礼仪是交流的要素之一。我们应根据谈话的对象（长辈、上司、同事、下属等）选择使用恰当的语言和态度，采用最合适的方法与他人进行交流。

此外，在会议上，运用 TPO 进行交流也非常重要。

③**原则和实情**

不要将自己的想法和意见强加于人，我们要考虑周围人是怎样理解的，他们能否接受。提高这样的交流能力非常重要。除此之外，我们还要考虑到每个人在理解能力上的差异，积极灵活地应对。

例如，当在全体员工参与的早会上提出的有关店铺方针的内容不适用于自己所负责的部门时，就需要课长另择场合，以简明清晰的方式和技巧传达自己的想法、意见。

适合你的三种管理类型

课长必须关注人（包括店铺的员工、总公司的工作人员）和工作两个方面。因为人和工作虽然各有侧重点，但又会相互影响。

每个下属的能力都会有所差异。课长的工作就是帮助他们提升能力，引导他们朝着共同的方向努力，达成目标。

具体来说，在工作方面，应该通过进行合适的指导来提高下属的能力，激励他们的干劲儿；在精神方面，应该努力促进下属的人格形成，使其能够处理好职场中的人际关系。

像这样从工作和精神两方面激励下属的行为就是经营力和领导力。以下是管理的三种类型：

（1）放任型　仅指示重要事项

放任型管理要求管理者仅指示工作实施上的重要事项，而将具体的实施细节全权交由下属本人处理。这种管理方式对自立能力强、自尊心强的下属很有效。

当然，当平时自立能力、自尊心不强的下属认为"我可以胜任这份工作"时，放任型管理也极具效果。

放任型课长并不是放任不管，他会检查数值与业绩的产生过程和结果，并要求负责工作的下属进行汇报。

此外，课长还要考虑下属擅自行动、情绪失控等情况。预测下属所拥有的能力和素质，这一点十分重要。

（2）权威型　对不成熟的下属极具效果

将一份新工作委托给能力、人格未成熟的下属或缺乏自信的下属时，权威型管理极具效果。对于工作的细节，课长最好进行工作指示或 OJT，给下属一种陪伴在身边的安全感。

我们可以通过目标数值的达成、工作的完成来使下属获得工作上的自信并感受到由工作带来的喜悦。

同时，我们必须注意指示的发出方法和教授方法。给下属施加过大的压力或勉强其工作都会招致下属的反抗，使下属失去自信。

（3） 民主型 提高全体人员觉悟的方法

依据下属赞成与否，以少数服从多数的原则来决定工作的方向和方法的管理，不是民主型管理。

在开展工作的基础上，让下属参与讨论工作的方向和方法，并"引导"出最优结论，这才是真正意义上的民主型管理。

通过参与有关方针等内容的讨论，下属会更加主动地执行被赋予的任务，比起遵从指示和命令开展工作，多了一份对责任的觉悟。

以上三种管理类型并无优劣之分，也与自我意识无关。课长常常会在不知不觉中依据自己的性格采用其中的一种。

为了充分发挥经营力和领导力，课长要找到适合自己的管理类型，慎重对待这一类型可能产生的负面作用，以促进下属的成长。

课长应根据每位下属的个性和心理状态，分别使用不同的经营和领导方式。以培养下属为目的，不断达成目标数值，这是课长的工作。

有效运用部门内部会议

部门内部会议是一种在公共场合进行的交流。开会时要抓住重点。

原则上，会议要求全员参加，应考虑工作换班与卖场的情况，将开会时间设定在合理的范围内。会议应抓住要点，避免时间浪费，并且定期（如果条件允许，可以在每个营业日进行）、持续地进行。

应事先向与会者说明会议的必要性。尤其是兼职员工，要把他们当作伙伴，而不是帮手。

会议内容可涉及多个方面（表8-4）。

会议内容可概括为以下3点：常规报告（昨天的销售业绩、今天的联络事项等例行公事）、异常报告（投诉、缺勤情况等）、今天及本周的主题。

下属的积极参与是部门内部会议成功进行的关键。因此，课长不应局限于自己的管理类型，应按照下属的情况灵活应对。以下列举了各个类型的要点：

（1） 放任型　由下属决定52周销售规划的主题

在进行店内促销时，课长可自己决定一年52周的大主题，并在大主题的范围中，将月与周的主题交由下属决定，由下属提出意见、方向和目标等。

表8-4 部门内部会议的主题

大主题	小主题	具体题目	大主题	小主题	具体题目
商店思想、理念、方针	商店思想	我们应该做什么？	商品	部门内部试吃	味道如何？
		商店思想是什么？			如何使用？
	理念	公司（店铺）是如何思考的？	卖场	陈列在自己部门	如何陈列？
		公司（店铺）的目标是什么？			陈列在哪儿？
		我们应该做什么？			排列多少？
	方针	我们不该做什么？			怎样标明价格、公布POP？
		我们必须做什么？		陈列在其他部门	陈列在哪儿？
人际关系	接待顾客	接待顾客时，最重要的是什么？			陈列什么商品？
		我们应该怎么做？	管理	质检验收	质检、验收是什么？
		上司的指示和顾客的要求，哪个放在首位？			我们应该怎么做？
		顾客提出过分要求时，如何处理？		日期（鲜度）管理	能卖到什么时候（什么样的状态）？
	员工	怎样才能愉快地工作？			我们应该怎么做？
		怎样才能受到公司的认可？			能销售多少天？
		既想工作，又想照顾家庭，怎么办？		清扫	什么时候清扫？
		烦恼时怎么办？			谁来清扫？
商品	新商品	味道如何？			清扫哪儿？
		怎样食用？			如何清扫？
		有何特征？		备用品、日常工具	哪儿有？
	季节商品	价格与数量是多少？			在哪儿用？
		保质期多久？怎样保存？			如何使用？
		味道如何？			放到哪儿？
		产地是哪里？	信息	热销流行	什么比较畅销？
	培育商品	培育商品是什么？			现在流行什么？
		与其他商品有何不同？			为什么？
	商品知识	如何使用？		竞争店铺	其他店铺在做什么？
		味道如何？			其他店铺的价格是多少？
		价格是多少？			加工级别和数量是多少？
		能否批量订购？			自家店铺在做什么？
	部门内部试吃	与其他商品有何不同？			自家店铺的价格是多少？
			技能	早日熟练的方法	怎样才能完成得更好？
					怎样才能快速完成？
					有没有人教？

当内容出现遗漏和错误时，课长需要进行弥补和修正。课长不能不分青红皂白地否定下属的提案，也不能采取高压态度，要让全体参加者一起思考。

有的员工会因时间冲突或休假而无法参加会议。对于这种情况，我们可以将会议内容整理成文本（也可写下各条要点），以便他们阅读（必须有阅读者的签字盖章栏）。

(2) 权威型　从目标到提案都由课长负责

主题设定、目标、方向、提案等都由课长负责。课长在休假期间，可指定代理人并向其传达详细内容。为了让无法参加会议的员工知晓会议的内容，应将会议的内容整理成文本，以便他们阅读。

(3) 民主型　在会议上决定主题

课长决定一年 52 周的店内促销大主题后，由全体员工根据大主题决定具体主题。具体主题的负责人采取自荐或他人举荐的方式进行选拔。对于无法参加会议的员工，为其准备会议内容的文本资料，以便他们阅读。

（铃木国朗）

通过培训提高兼职员工的稳定性和竞争力

　　受青年阶层人数减少等因素影响，人才不足已成常态。拥有很多兼职员工的超市，也将确保人才、实现人员稳定作为首要课题。

　　将兼职员工称为"伙伴"的企业正在增多。究其原因，兼职员工不仅仅是工作人员，他们与其他正式员工一样，都在为企业的发展积极贡献力量。

　　在解决这一课题的过程中，培训技术十分重要。

　　要想提高人员的稳定性，就要理解员工的心情，并在评价工作时，多使用"认可、表扬"的方式。激励性的"询问方法"在进一步促进兼职员工积极工作、提高店铺的活力方面十分有效。课长作为直接与兼职员工接触的部门负责人，应该掌握培训的相关工作。

　　此外，如果想提高女性兼职员工的干劲儿，促进相互协作，发挥她们的潜在能力，则必须了解女性工作的动机要素。

　　男性课长的工作动机是完成被赋予的目标后所获得的成

就感、公司内部好评，以及胜过其他课长的优越感。也就是说，比起工作过程，男性课长通常更看重结果（数值）。

而与此相对，大多数女性兼职员工有着与男性课长不同的动机。

女性的动机大多是"这份工作很快乐""喜欢这个职场"的自我满足感，以及"希望顾客满意""希望和职场上的伙伴一起协力工作""为了认可自己的课长而努力工作"等找到在职场人际关系中发挥作用的自我（存在价值）。

课长不应该以自身的动机为基准，而应该充分理解女性兼职员工的工作动机，承认和表扬每一位女性兼职员工的工作态度和存在价值。

完善交流环境的"倾听"技巧

为了能与兼职员工顺利进行交流，我们首先要构建信赖关系。第一步便是"倾听"。引起共鸣、倾听对话，让兼职员工感到安心。

有效传达共鸣的交流技巧称为迎合。不少人认为"嗯嗯""对""哦""是这样啊"等都属于迎合，但不少课长连这一点都做不到。有效传达共鸣的迎合技巧如下：

①将脑海切换为"倾听模式"

首先，我们要将注意力集中在兼职员工说的话上。不仅要用耳朵听（感知声音），还要把脑海切换为"倾听模式"。

如果耳朵处于"倾听模式"，但脑海中还是"对话模式"和"思考模式"，便很难自然地进行迎合。

②"形象化"倾听

在脑海中浮现出空白的画面，把对方的话映射在脑海中，便能将脑海切换为"倾听模式"。就像看电影画面一般，在脑海浮现出对话内容的情景。如果我们再进一步使用五感（视觉、听觉、味觉、嗅觉、触觉），添加上色、音、气味、感觉，便能轻松地迎合对方。

③灵活运用"重复迎合"

要想自然地迎合对方，可以试着对对方的话进行"重复迎合"。不断重复对方充满感情的话语与想要传达的话语可以有效地向对方传达共鸣。

④理解"男女间的交流"

男性课长与女性兼职员工交流时，共鸣更加重要，因为在交流中男女有着不同的特征。

在下面的会话案例中，展现了这一特征及其应对方式。

当然，案例中的方式并不能适用于所有男女间的交流，但是如果能理解男女的特征，便能与女性兼职员工产生共鸣，倾听其话语中的要点。对收银处的女性课长而言，这一技巧在与其他部门的男性课长进行交流时十分有效。

⑤注意语调和表情

要想在迎合对方后能够继续对话，我们应该注意对方的"语调"与"表情"。

图8-1是美国心理学家艾伯特·梅拉比安（Albert Me-hrabian）博士针对向对方传达的语言内容比例进行的调查。当声音的语调或面部表情变化时，语言中所包含的内容会传达给对方多少呢？该调查对这一变化进行了研究。调查结果显示，依靠语言传达的比例仅为7%，反推可知声音的语调与面部表情所发挥的巨大作用。

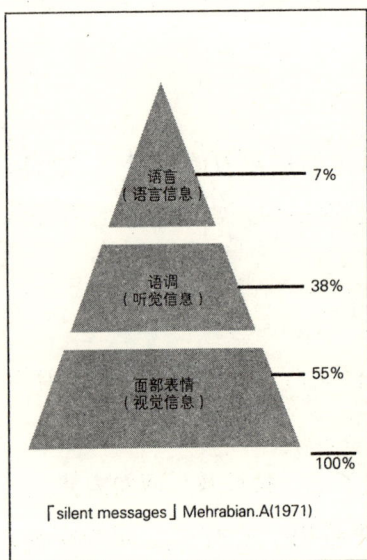

课长与兼职员工的会话实例

案例：课长休假日时，收到顾客的商品投诉。处理该投诉工作的兼职员工向课长进行报告。

兼职员工："课长，昨天来投诉的顾客简直是怒火冲天啊，把我吓得够呛。"

课　　长："（一脸认真的表情以'嗯嗯'迎合对方）这样啊，真是辛苦你了。"

兼职员工："是啊，我还是第一次遇到这样的顾客，真是吓死了。现在想想，他当时还想打我来着。"

课　　长："啊，这可真可怕。对了，你那份投诉报告书写了吗？"

　　使用迎合与反复迎合的技巧，加强与兼职员工的共鸣。这会让兼职员工感到"他真的在认真听我说话""他理解我的心情"，从而认为"课长认可了我的存在"。

语言（语言信息）　　7%

语调（听觉信息）　　38%

面部表情（视觉信息）　　55%

100%

「silent messages」Mehrabian.A(1971)

图8-1　向对方传达的语言内容比例

（出自艾伯特·梅拉比安博士的实验）

　　艾伯特·梅拉比安博士的实验中使用了9个简单的单词，对于声调，排除了"语速""声音大小""说话态度"等影响条件，数字结果有一定的局限性。但正如谚语"眼睛是心灵的窗口"所言，通过实验我们明白了会话中表情的重要作用。

女性根据声音的语调和表情来读取对方想法的能力常常优于男性。在会话中，注意语言以外的因素十分重要。

提高人员稳定性的"认可与表扬"的表达技巧

除了提供能与兼职员工良好交流的环境以外，"认可与表扬"的说话方式也很重要。

某项调查显示，感觉自身的工作状态和努力程度"受到了足够的认可"的兼职员工比例不足 10%，即使加上"勉强受到认可"的比例，也仅达到 40%。

但出人意料的是，当询问店长或课长时，得到的回答往往是"我已好好表扬过了""我认可他的工作"。两者意识上的差别，可以说是由上司的表达方式引起的。

那么，能让兼职员工感到"受到了足够的认可"的表达方式是什么呢？

①理解"认可"与"表扬"的差异

你会在何时表扬兼职员工呢？想必是在他的业绩超过预期的时候吧。

例如，当你希望兼职员工能以更大的声音招呼顾客，说出"欢迎光临"，而兼职员工不负所望时，应该用"声音响亮，干得不错""成功大声说出'欢迎光临'了，干得不错"等话语进行表扬。这时，表扬的基准在于你自身。

而与此相对的"认可"，其基准将会从你身上转移至兼职员工。即使兼职员工声音大小未满足期待的基准，也要对其大声打招呼的努力行为说上一句"×××，你意识到了要大声打招呼了呀"，这就是"认可"。

　　这样的表达方式能让兼职员工获得"课长有在好好地关注我""我获得了认可，一定可以做到的"这样的安心感，继而能够激发其积极工作的态度。

　　② "认可与表扬"的表达方式

　　接下来要讲的重点是"认可与表扬"的表达方式。在培训中，有"你""我""我们"三种立场。采用何种立场会影响到兼职员工的接受方式与其之后的行为。

　　(a) 易于使用的"你如何如何"的表达方式

　　我们平时最常用的是"你如何如何"的传达方式。

　　"××一直在大声地招呼顾客啊。"

　　"××打扫得真干净啊。"

　　这是针对兼职员工的行动和状态，用描述事实的方法进行的信息传达，其中并没有包含表示"表扬一方心情"的语言。这种表达方式有人喜欢，也有人无法坦率地接受。有的人在受到了预期以外的表扬后，甚至会感到一种受制于人的拘束感。而那些对自己没有信心的人也会为此感到困惑和反感。

　　"最近如何如何""比以前如何如何"这样与以前状态相比的表达方式，加强了表扬对方的意念，比什么都不说强很多。当然，我们也应该注意对方的反应。

"是这样啊。"

"倒也不是这样……"

如果对方用这样的语言回答你，表示对方很可能无法坦率地接受你的认可。这种时候，可使用以下介绍的"我如何如何"的说法。

（b）对方易于接受的"我如何如何"的表达方法

当对方无法坦率地接受你的"认可与表扬"时，可通过说明对方的行为和状态"对我产生了什么样的影响"来进行信息传达。

"×××，你招呼顾客的声音很阳光、很响亮啊。连我都觉得'必须得努力'，变得充满干劲儿了。"

"感谢×××一直细心地为我们打扫卫生。"

重点是从"我感觉如何""我怎样想的"这样的视角入手。由于兼职员工无法否定"我感觉""我认为"这样的说法，所以他们能坦率地接受这样的"认可与表扬"。

此外，当对方为女性时，由于其更重视情感的共鸣，所以采用"我如何如何"的立场能发挥更好的效果。

（c）教授行动意义的"我们如何如何"的表达方式

为让兼职员工理解工作的意义，积极地行动，课长应向兼职员工传达其行动会对我们的工作起到何种作用的信息。例如，当兼职员工完成挡风玻璃的清洁工作时，课长可采用以下的说法：

兼职员工:"店长,玻璃已经清洁干净了。"

店　　长:"辛苦了,你打扫得真干净啊。"("你如何如何"的立场)

兼职员工:"真的吗?"

店　　长:"每次交给你,你都能把边边角角清洁得干干净净,我真的很感谢你。"("我如何如何"的立场)

兼职员工:"您这么说我很开心。"

店　　长:"玻璃这么干净,我们卖场的商品看上去更新鲜了。"("我们如何如何"的立场)

当然,也可采用其他"我们如何如何"的表达方式,如:

"店门口打扫得好干净啊,我们能够心情舒畅地迎接顾客了。"

"我们店面这么整洁,光临的顾客一定会感到神清气爽!"

这些语言,可以让负责清扫工作的兼职员工了解到自己的行动为店铺和顾客带来的好处,加深自己和店长的信赖关系。这会成为下次行动的驱动力。

灵活运用这些方法,增加与兼职员工对话的机会,便能建立良好的交流环境。如此一来,"报(报告)、联(联络)、谈(商谈)"的次数会自然而然地增加,双方的信赖关系会越来越深,工作也能更顺利地开展。

但是,要想将自家店铺打造成深受当地顾客信赖的、不可或缺的店铺，只靠这些是不够的。在灵活运用兼职员工所拥有的信息与能力（可能性）方面，"询问"技巧必不可少。

促使兼职员工自主行动的"询问"技巧

通常来讲，我们的意识都在关注外部环境。我们会对外部的指示或信息等产生反应，然后对事物做出判断。

因此，如果只依赖上司的指示，兼职员工自身便无法掌握思考事物、解决问题的能力，从而无法发掘自身潜藏的可能性，错失激发潜力的机会。

与此相对，"询问"方法可以将关注外部的意识转到自身。接下来让我们来看一下如何获取兼职员工掌握的有关生活、地区、商品等方面的信息，以及解决问题的线索。

①将"为什么"转变为"什么"

"为什么要订购这么多？"

"为什么还没完成？"

像这样用"为什么"进行询问会让对方感到受到了责备。最终对方只会告诉你：

"啊，我听说去年都卖断货了，所以……"

"我也想去做，但摆货挺花时间的……"

而这些都是辩解。

也就是说，如果上司用"为什么"来询问工作上的问题，兼职员工会觉得"自己受到了责备"，从而采取防卫姿态。最终，为了让自己的行为正当化，兼职员工会开始思索如何解释。

"询问"的目的是从对方身上获取更多的信息，而获得的信息又可分为有效信息与无效信息。我们要灵活运用有效信息，促进对方的行动。因此，我们应该用"什么"，而不是用"为什么"来进行询问。

"增加订购的原因是'什么（在哪里）'呢？你能告诉我吗？"

"你没能完成工作的原因是'什么（在哪里）'呢？"

将"为什么"变成"什么"后，"责备感""诘问感"减弱了。最终，上司也能够客观地对待问题，而兼职员工自身也更容易冷静地处理被指出的问题。除此之外，兼职员工会扪心自问是否是自己的问题，在今后的应对中，也许能更积极地表达自己的意见。

②兼职员工积极思考的"肯定型"询问

"为什么我们店铺的人均消费没有提高呢？"

"为什么没有人订购节日菜肴呢？"

你是否在与兼职员工的日常会话或会议问答中，使用过"为什么没有……"这样的否定型询问的句式呢？也许你是为了"探明原因，寻求改善的方法"才采用了这样的询问方式，但兼职员工的注意力却都在"无法顺利进行"这件事情上，所以他们往往会说：

"这也是没办法的啊，因为世界经济都不景气。"

"因为周围的人都没有'买节日菜肴'的习惯。"

这样不仅难以解决问题，还会降低兼职员工的工作意欲。

为避免兼职员工出现这样的反应，可试着采用"肯定型"的询问方式。

"眼下，我们怎样做才能提高人均消费呢？"

"你认为怎样宣传才能让顾客购买节日菜肴呢？"

转变为肯定型后，即使是问同一件事情，给人的印象也大为不同。这是因为肯定型中蕴含着"希望共同思考""谋求合作"等超越上下级关系的"协同意识（同伴意识）"。

询问方通过语言表述出协同意识来，可以让被询问方看见希望和光明，从而积极地采取行动。

"询问"的重点是要让兼职员工注意到自己本身所拥有的答案（信息）。店长应督促兼职员工学会使用这些信息。

遵从领导指示执行的解决对策与自己主动想出的解决对策，哪怕这两种解决对策的内容是相同的，也会在之后的执行力上产生巨大的差别。课长要善于使用肯定型询问，以培养自主行动的兼职员工。

（石川和夫）

第 **9** 章

对课长工作
有帮助的数据集

　　超市的课长要想通过卖场向顾客提供饮食和菜单的建议，就必须敏锐地察觉市场的变化和趋势。本章主要介绍数据的读取方式及对其进行灵活运用的基本知识。

负责部门工作的课长必须从各种数据中读取超市的变化和特征，并根据顾客的需求设置卖场。

关键是要做到以下 3 点：

①注意季节变换时，销量增长与减少的商品类别；

②建立假说，预测发生季节、节日、活动等变化情况时，顾客需要什么样的菜单与商品；

③将假说运用在促销与必备商品的品种储备上。

例如，3 月以后家庭餐桌上出现沙拉料理的机会增多。我们来列举一下其中的原因。

其一是因为有节日、集会及活动。春季是新生入学、就职等庆祝活动较多的季节。沙拉作为聚会上的豪华料理之一，需求量自然会增加。

其二是因为应季食材较为齐备。春天正值蔬菜的上市季节，家庭中用时蔬制作沙拉的机会会增加。

课长一方面要抓住这些变化，加强时蔬的销售工作，另一方面要积极地提议采购橄榄油、沙拉调料、装饰用生火腿、鲑鱼、玉米粒等与沙拉料理相关的商品。并且，为了防止出现缺货，必须注意控制订购量。

接下来，让我们分别来看一下日本总务部统计局的家庭生计调查（品种分类）、日本全国消费实情调查（品种及购买地、购买地区），以及与餐桌食谱相关的"饮食MAP"的特征和运用方法。

利于推动课长工作的三份数据

首先，家庭生计调查（品种分类）可帮助我们了解每个商品品种的家庭支出变化趋向。

日本的南方与北方在食品消费方式上是不同的。即使是相同的料理，使用的食材、味道也不相同，食用时间有时也有先后。但是，消费倾向几乎相同。

课长虽然担任着供应食品的工作，但容易被眼前的工作束缚，视野缩小。课长受限于被细分后的自己所负责的部门和商品类别，导致其很少关心责任范围以外的领域。

家庭生计调查有助于避免这些问题。

以时间数列中的商品品种的销售方式为基准，可以观察到很细小的变化。商品类别和菜单为什么会扩展呢？消费者想要什么样的促销活动呢？课长必须从家庭生计调查中掌握消费趋向，并从卖场角度进行解读。

此外，从家庭生计调查中查看各个地区或省厅所在地的数据，能够开展更适合本店条件的经营。

其次是全国消费实情调查（与品种、购买地、购买区域相关的结果），包含消费者在何种情况下购买商品的数据。

购买渠道多为一般的零售店、超市、便利店、百货店、消费合作社购买部、折扣商店/量贩店、网店、在线购物平台等。

例如，百货店即使采用标准的联营模式，食品销售额的构成比也可达25%，有些快速壮大的联营店的销售额的构成比可达50%以上。而便利店也开始拓展高便利性食品的商品品种，部分店铺开始涉及生鲜食品的销售。

各种行业都在加强食品销售。今后，我们不能只以超市为竞争对手，必须观察包括其他行业在内的商业圈的竞争情况。

最后是与家庭生计调查成表里关系的餐桌菜单动向。而表示着菜单动向变化的是由 Lifescape Marketing 公司提供的"饮食MAP"［TI值（Table Index，餐桌指数）］。

将同一份数据根据主食和主菜等进行分类，来表示菜单登上餐桌的次数与变化。相对于家庭生计调查的商品品种变化，饮食MAP能明确表示出菜单的变化。

例如，春天时，主食中的酱汁炒面TI值会增长。对于这样的变化，建议超市除了提供日配商品的炒面套餐外，还可准备新鲜圆白菜等春季蔬菜、青海苔、红姜、酱料等关联商品。

同样，进入早春后，食用面包和吐司的 TI 值也会增长。随着新生活的开始，早饭需求也开始变得灵活化。抓住这一倾向后，超市除了可以准备以吐司为代表的面包外，还可以准备果酱、人造黄油、水果酱料、蔬菜汁、咖啡和红茶等关联商品。对有孩子的家庭而言，火腿和香肠也会很受欢迎。

不管是何种情况，我们都应掌握 TI 值增长的菜单，追求可能的关联销售。

（铃木国朗）

平均一个家庭的支出金额、购入数量
（2015 年 1—12 月）

* 出自日本总务省的"生计调查"
* 日本全国两人以上的家庭
* 列举了主要的品种

中华面

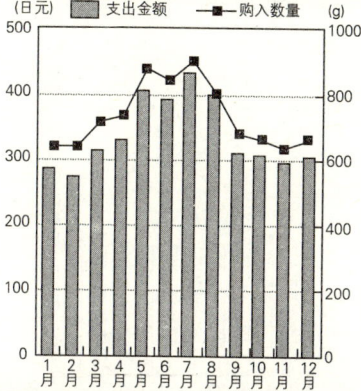

	1月	2月	3月	4月	5月	6月	7月	8月	9月	10月	11月	12月
支出金额	284	272	312	329	406	390	431	400	309	307	296	303
购入数量	639	637	716	728	876	841	906	801	681	661	631	658

其他面包

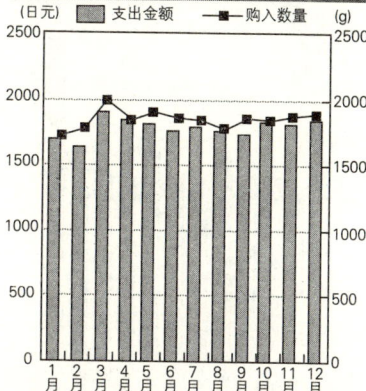

	1月	2月	3月	4月	5月	6月	7月	8月	9月	10月	11月	12月
支出金额	1705	1647	1896	1850	1820	1762	1789	1775	1736	1836	1819	1847
购入数量	1723	1781	1991	1841	1901	1858	1845	1774	1863	1855	1878	1903

咸鲑鱼

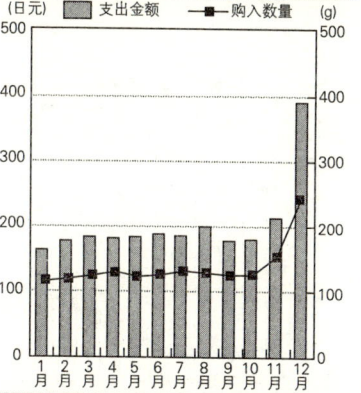

	1月	2月	3月	4月	5月	6月	7月	8月	9月	10月	11月	12月
支出金额	156	170	177	176	178	182	179	193	172	174	208	383
购入数量	109	112	118	124	114	120	126	123	119	119	148	235

金枪鱼

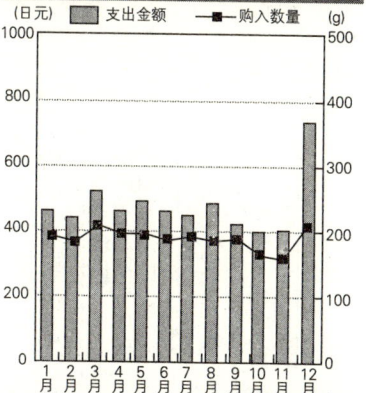

	1月	2月	3月	4月	5月	6月	7月	8月	9月	10月	11月	12月
支出金额	454	434	516	453	483	456	443	480	411	394	405	731
购入数量	185	177	206	190	190	181	189	179	185	160	155	205

牛肉

(日元) ▢ 支出金额 ━■━ 购入数量 (g)

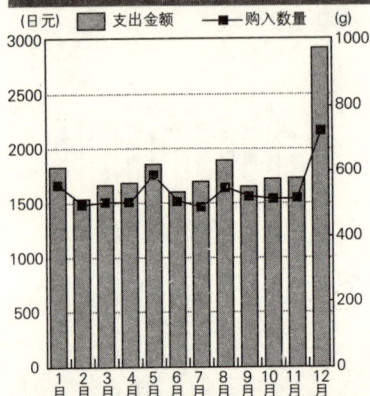

	1月	2月	3月	4月	5月	6月	7月	8月	9月	10月	11月	12月
支出金额	1771	1486	1612	1628	1790	1544	1634	1824	1590	1660	1667	2919
购入数量	535	476	483	482	567	487	470	526	499	492	495	696

鱼肉制品

(日元) ▢ 支出金额

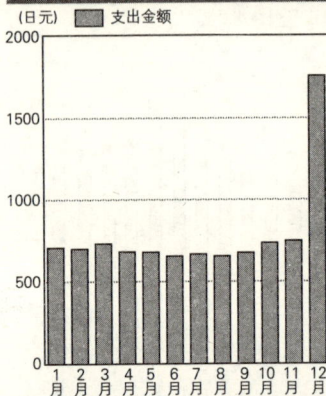

	1月	2月	3月	4月	5月	6月	7月	8月	9月	10月	11月	12月
支出金额	681	673	706	653	652	630	644	630	651	708	716	1684
购入数量	...	...	...	...	...	...	...	...	...	...	...	...

香肠

(日元) ▢ 支出金额 ━■━ 购入数量 (g)

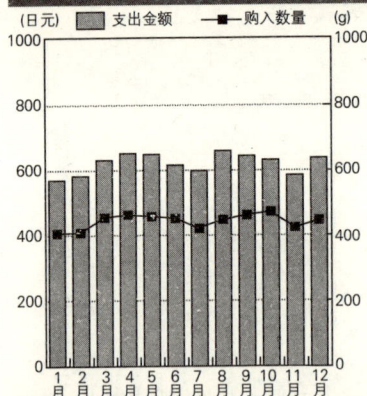

	1月	2月	3月	4月	5月	6月	7月	8月	9月	10月	11月	12月
支出金额	571	584	633	653	650	617	599	658	644	630	584	636
购入数量	393	396	440	446	444	438	408	430	446	454	408	429

猪肉

(日元) ▢ 支出金额 ━■━ 购入数量 (g)

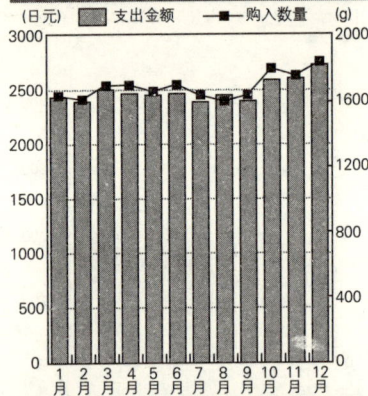

	1月	2月	3月	4月	5月	6月	7月	8月	9月	10月	11月	12月
支出金额	2420	2382	2490	2460	2444	2454	2376	2436	2387	2572	2586	2706
购入数量	1608	1578	1666	1664	1628	1664	1607	1571	1604	1761	1717	1801

酸奶

(日元) ■ 支出金额

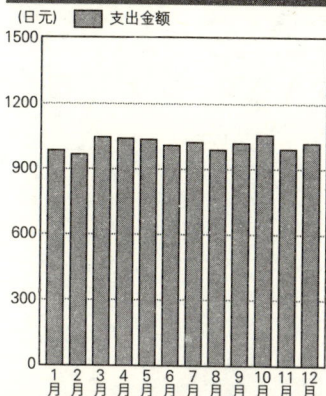

	1月	2月	3月	4月	5月	6月	7月	8月	9月	10月	11月	12月
支出金额	983	964	1042	1036	1031	1004	1020	984	1016	1054	987	1013
购入数量	…	…	…	…	…	…	…	…	…	…	…	…

牛奶

(日元) ■ 支出金额 ■■ 购入数量 (g)

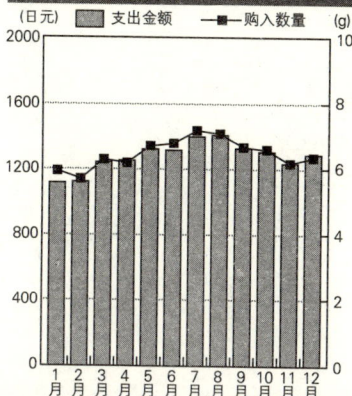

	1月	2月	3月	4月	5月	6月	7月	8月	9月	10月	11月	12月
支出金额	1124	1129	1251	1262	1333	1321	1409	1416	1335	1314	1243	1297
购入数量	5.97	5.74	6.28	6.2	6.68	6.76	7.11	7.06	6.71	6.62	6.16	6.34

菠菜

(日元) ■ 支出金额 ■■ 购入数量 (g)

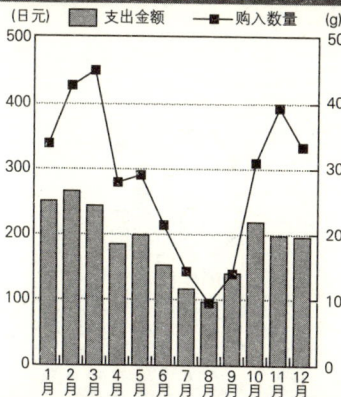

	1月	2月	3月	4月	5月	6月	7月	8月	9月	10月	11月	12月
支出金额	249	264	242	185	198	153	117	97	140	218	196	195
购入数量	328	413	438	271	283	209	138	94	140	300	383	324

鸡蛋

(日元) ■ 支出金额 ■■ 购入数量 (g)

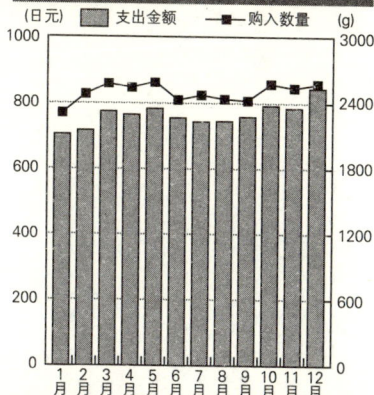

	1月	2月	3月	4月	5月	6月	7月	8月	9月	10月	11月	12月
支出金额	704	715	773	764	781	754	741	741	756	791	784	842
购入数量	2310	2483	2570	2532	2585	2426	2469	2423	2415	2565	2533	2560

西红柿

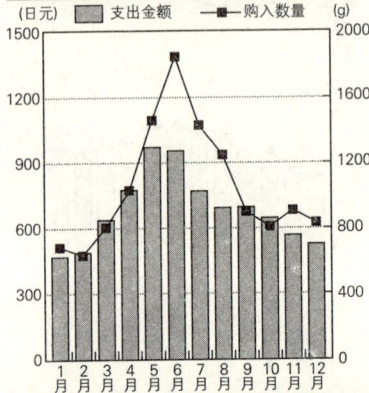

(日元)　■ 支出金额　—■— 购入数量　(g)

	1月	2月	3月	4月	5月	6月	7月	8月	9月	10月	11月	12月
支出金额	458	475	619	750	937	921	743	669	671	626	551	513
购入数量	652	612	768	1015	1404	1782	1379	1193	866	782	880	806

土豆

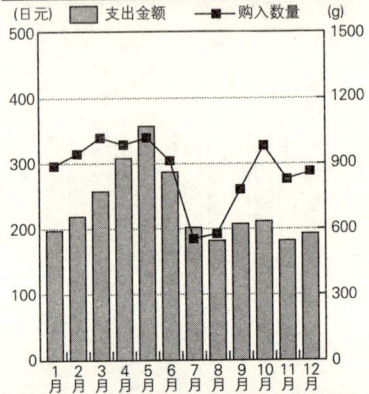

(日元)　■ 支出金额　—■— 购入数量　(g)

	1月	2月	3月	4月	5月	6月	7月	8月	9月	10月	11月	12月
支出金额	192	212	249	298	345	277	196	177	201	204	177	186
购入数量	876	933	1002	969	998	894	550	578	788	966	815	853

其他蔬菜腌菜

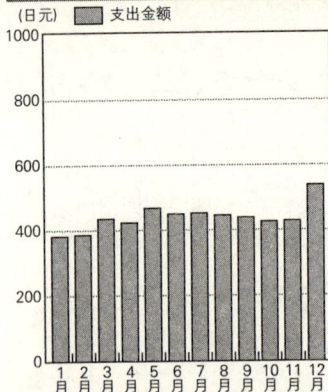

(日元)　■ 支出金额

	1月	2月	3月	4月	5月	6月	7月	8月	9月	10月	11月	12月
支出金额	368	370	420	409	452	433	436	430	426	409	410	517
购入数量	…	…	…	…	…	…	…	…	…	…	…	…

豆腐

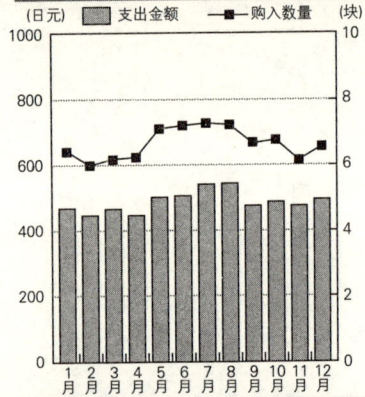

(日元)　■ 支出金额　—■— 购入数量　(块)

	1月	2月	3月	4月	5月	6月	7月	8月	9月	10月	11月	12月
支出金额	454	432	451	432	485	488	523	525	461	471	461	479
购入数量	6.38	6.04	6.2	6.24	7.09	7.19	7.22	7.19	6.67	6.78	6.15	6.56

橘子

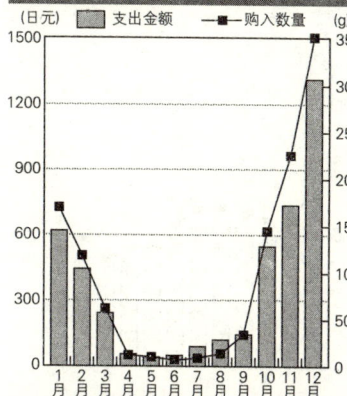

(日元) 　支出金额　 　購入数量 (g)

	1月	2月	3月	4月	5月	6月	7月	8月	9月	10月	11月	12月
支出金额	612	438	239	57	39	50	90	121	145	543	728	1295
購入数量	1638	1153	601	105	97	63	77	120	336	1447	2206	3509

苹果

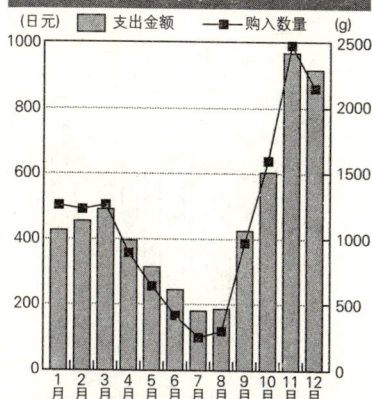

(日元) 　支出金额　 　購入数量 (g)

	1月	2月	3月	4月	5月	6月	7月	8月	9月	10月	11月	12月
支出金额	426	452	489	394	315	243	181	186	424	598	965	907
購入数量	1247	1219	1251	890	638	421	263	323	948	1565	2474	2117

香蕉

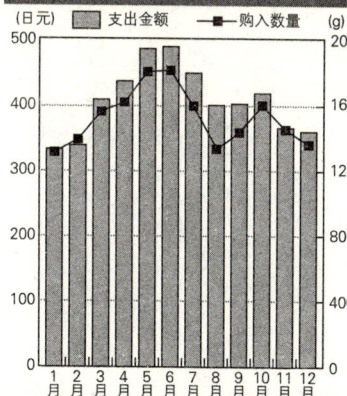

(日元) 　支出金额　 　購入数量 (g)

	1月	2月	3月	4月	5月	6月	7月	8月	9月	10月	11月	12月
支出金额	331	337	406	434	483	486	446	397	399	416	363	357
購入数量	1304	1371	1555	1611	1785	1794	1578	1323	1430	1590	1457	1355

草莓

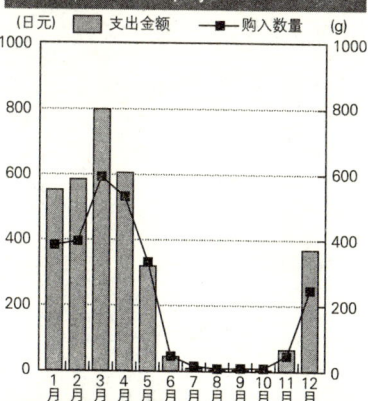

(日元) 　支出金额　 　購入数量 (g)

	1月	2月	3月	4月	5月	6月	7月	8月	9月	10月	11月	12月
支出金额	552	584	799	605	319	43	6	2	1	1	67	372
購入数量	379	389	583	521	326	41	5	2	1	1	46	246

其他的调味料

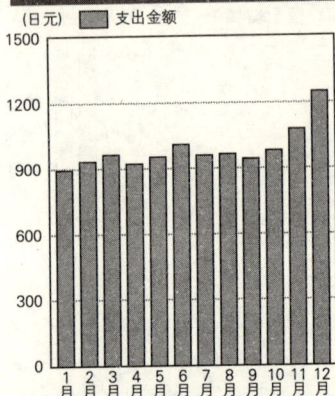

(日元) ■支出金额

	1月	2月	3月	4月	5月	6月	7月	8月	9月	10月	11月	12月
支出金额	889	926	958	916	948	1002	952	957	935	972	1072	1240
购入数量	…	…	…	…	…	…	…	…	…	…	…	…

沙拉调料

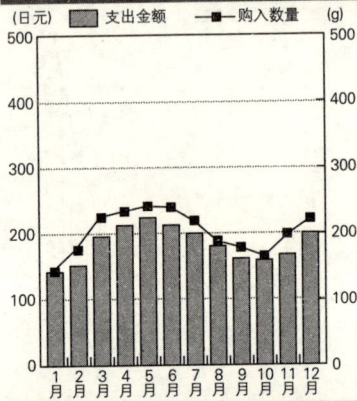

(日元) ■支出金额 —■—购入数量 (g)

	1月	2月	3月	4月	5月	6月	7月	8月	9月	10月	11月	12月
支出金额	146	155	200	217	229	217	204	184	165	163	171	204
购入数量	147	177	225	232	241	240	220	189	180	166	198	221

巧克力

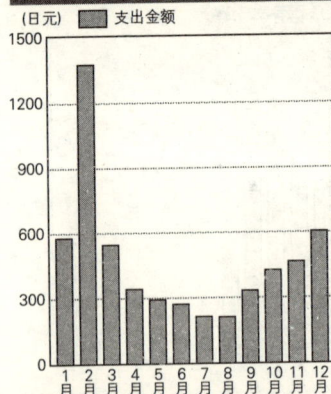

(日元) ■支出金额

	1月	2月	3月	4月	5月	6月	7月	8月	9月	10月	11月	12月
支出金额	559	1324	530	334	286	268	213	212	326	413	451	585
购入数量	…	…	…	…	…	…	…	…	…	…	…	…

零食点心

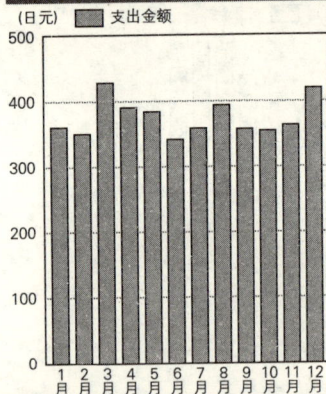

(日元) ■支出金额

	1月	2月	3月	4月	5月	6月	7月	8月	9月	10月	11月	12月
支出金额	361	351	429	391	385	343	359	394	359	356	364	421
购入数量	…	…	…	…	…	…	…	…	…	…	…	…

便当

(日元) ■ 支出金额

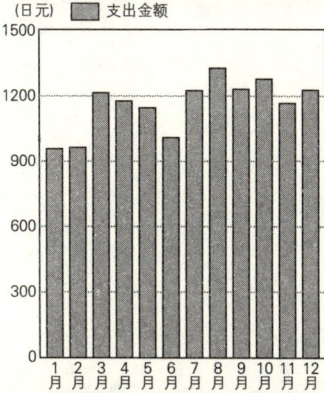

	1月	2月	3月	4月	5月	6月	7月	8月	9月	10月	11月	12月
支出金额	961	968	1222	1182	1151	1015	1230	1334	1236	1282	1171	1233
购入数量	…	…	…	…	…	…	…	…	…	…	…	…

冰激凌、雪糕

(日元) ■

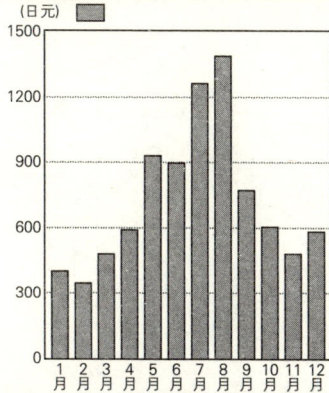

	1月	2月	3月	4月	5月	6月	7月	8月	9月	10月	11月	12月
支出金额	401	345	480	590	928	894	1257	1384	768	603	478	581
购入数量	…	…	…	…	…	…	…	…	…	…	…	…

冷冻烹制食品

(日元) ■ 支出金额

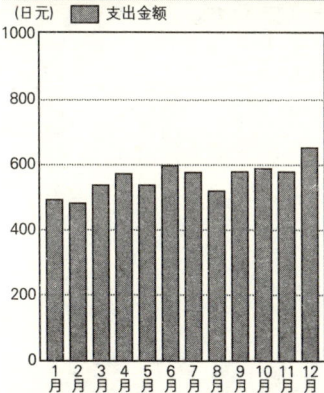

	1月	2月	3月	4月	5月	6月	7月	8月	9月	10月	11月	12月
支出金额	491	479	535	570	535	593	573	517	574	584	573	647
购入数量	…	…	…	…	…	…	…	…	…	…	…	…

天妇罗、油炸食品

(日元) ■

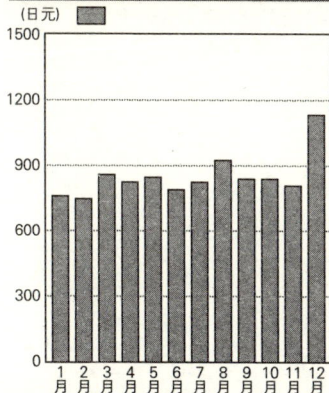

	1月	2月	3月	4月	5月	6月	7月	8月	9月	10月	11月	12月
支出金额	759	744	855	820	843	787	822	920	837	836	805	1128
购入数量	…	…	…	…	…	…	…	…	…	…	…	…

水果汁、蔬菜汁

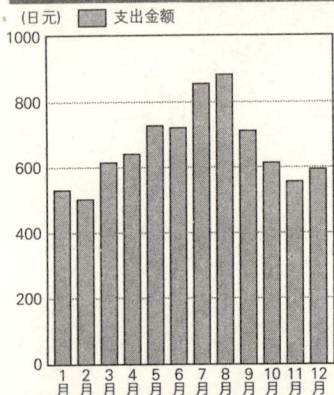

（日元）　支出金额

	1月	2月	3月	4月	5月	6月	7月	8月	9月	10月	11月	12月
支出金额	530	503	614	640	726	721	855	882	712	614	557	594
购入数量	…	…	…	…	…	…	…	…	…	…	…	…

茶水饮料

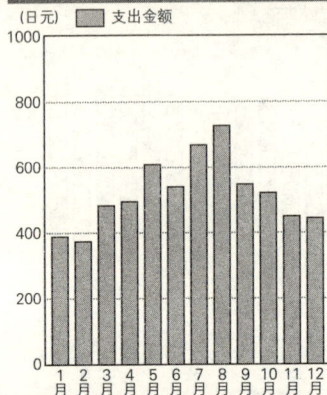

（日元）　支出金额

	1月	2月	3月	4月	5月	6月	7月	8月	9月	10月	11月	12月
支出金额	383	369	476	488	598	530	654	714	539	512	444	438
购入数量	…	…	…	…	…	…	…	…	…	…	…	…

红酒

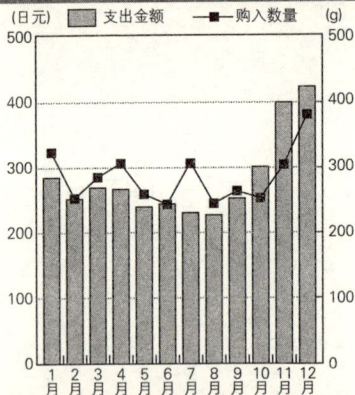

（日元）　支出金额　　购入数量（g）

	1月	2月	3月	4月	5月	6月	7月	8月	9月	10月	11月	12月
支出金额	288	255	273	271	244	248	235	231	257	305	405	429
购入数量	316	255	285	307	261	245	306	247	265	254	304	376

啤酒

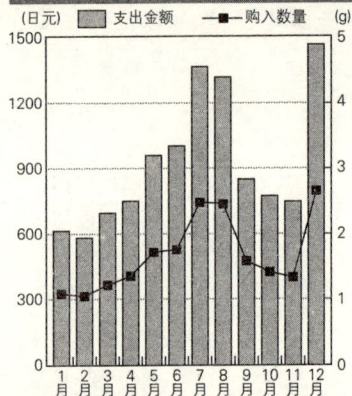

（日元）　支出金额　　购入数量（g）

	1月	2月	3月	4月	5月	6月	7月	8月	9月	10月	11月	12月
支出金额	613	580	693	745	946	988	1344	1296	843	769	743	1444
购入数量	1.12	1.09	1.28	1.38	1.74	1.77	2.46	2.44	1.6	1.45	1.38	2.64

274

各品种的各购买地平均一个家庭一个月的支出
(总家庭数、平均、日元)

*出自 2014 年日本全国消费实情调查 "户主的年龄阶层、购买地区、购买地、各品种平均一个家庭一个月的支出",刊载了主要的品种。

	平均	一般的零售店	超市	便利店	百货店	消费合作社购买部	折扣商店、量贩店	网店	在线购物平台	其他
米	1712	214	664	9	12	109	65	22	37	397
面包	2073	447	1138	203	80	61	70	3	13	57
面类	1156	77	799	73	21	53	63	6	24	48
水产类	5348	531	3600	45	239	304	111	35	121	141
生鲜肉	4545	354	3458	20	115	252	100	27	62	39
加工肉	1144	63	835	18	71	64	48	5	21	16
牛奶	987	168	547	30	4	61	38	4	18	34
酸奶	689	51	473	34	6	42	30	3	14	24
鸡蛋	582	40	425	15	5	45	20	2	13	15
生鲜蔬菜	4571	320	3046	33	73	286	78	26	70	137
鱼干、海藻	555	65	332	4	35	41	20	4	15	35
豆腐	351	24	269	5	5	26	8	2	7	5

	平均	一般的零售店	超市	便利店	百货店	消费合作社购买部	折扣商店、量贩店	网店	在线购物平台	其他
纳豆	224	7	181	3	3	15	8	1	5	1
蔬菜腌菜	495	67	308	9	29	28	11	4	16	22
生鲜水果	2567	334	1416	25	79	157	43	20	62	237
油、调味料	2989	195	2054	56	85	176	163	29	91	65
点心类	5406	1403	2190	390	521	145	303	28	59	358
便当	1252	290	417	289	71	20	13	0	3	149
夹心面包	305	64	93	112	9	4	6	0	0	16
冷冻烹制食品	371	11	224	3	3	63	22	8	34	4
茶水饮料	432	24	199	110	4	11	35	3	4	43
水果汁、蔬菜汁	517	33	262	64	15	24	38	9	20	46
矿泉水	210	14	58	18	1	7	19	16	16	28
清酒	538	110	274	20	24	12	63	6	5	19

	平均	一般的零售店	超市	便利店	百货店	消费合作社购买部	折扣商店、量贩店	网店	在线购物平台	其他
啤酒	1047	129	586	63	26	34	167	12	5	20
红酒	337	60	156	14	31	8	30	11	7	18
发泡酒、啤酒类酒精饮料	373	30	232	13	1	13	73	5	2	3
家庭日用品	1924	229	820	23	17	72	632	26	33	65
医药品	2047	613	340	31	5	10	433	19	36	541
消耗性文具	440	137	104	12	41	5	74	23	3	40
鲜花	554	244	166	3	7	15	19	2	2	91
宠物食品	519	76	194	4	4	7	149	43	4	35
杂志（包括周刊）	288	106	55	60	5	3	7	5	9	27
洗发水、牙膏	406	62	142	4	4	9	132	15	15	21
香烟	1215	182	219	717	4	5	33	0	0	51

菜单 TI 值

（月 TI 值前 20 位的菜单）

分析期间：2014/11/1~2015/10/31；餐桌机会：计算一天；分析对象：主食、主菜

1 月

■主食

菜单分类	TI 值	年差值
米饭	254.0	-10.1
食用面包、吐司	116.9	-7.1
年糕	46.3	36.1
点心面包、酥皮果子饼	43.2	-3.0
饭团	41.9	-5.5
拉面	33.1	2.2
咖喱饭	28.8	-0.7
热乌冬面	26.9	7.3
意大利面	26.5	-2.1
其他面包	21.8	-2.5
拌饭	21.6	-3.2
三明治	20.8	-2.5
黄油蛋糕	14.4	-1.3
市售的夹心面包	12.2	-1.2
酱汁炒面	12.2	-2.2
炒饭	11.5	-0.9
小麦、胚芽饭	10.7	-1.1
其他谷类	10.2	-3.5
粥	9.8	5.5
热荞麦面	9.3	3.6

■主菜

菜单分类	TI 值	年差值
煎蛋、厚煎蛋	33.4	-1.1
火锅	29.1	15.3
炒蔬菜	21.6	-4.5
嫩煎香肠、油煎香肠	19.4	-2.1
炸鸡	18.2	-1.1
荷包蛋	16.2	-1.0
凉拌蔬菜	16.0	-1.0
生鱼片、生贝	15.7	-1.0
盐烤鲑鱼	15.1	2.2
炸牛肉薯饼	14.1	-0.4
杂煮蔬菜	13.4	6.7
汉堡肉	11.6	-0.1
关东煮	11.6	4.9
煎饺	11.4	-0.3
火腿	10.6	3.0
炒牛蒡	9.8	2.6
煮鸡蛋、温泉蛋	9.7	-1.5
伊达卷	8.6	7.7
盐烤香鱼	8.5	-2.8
芝麻拌菜、芝麻豆酱拌菜	8.3	0.4

2 月

■主食

菜单分类	TI 值	年差值
米饭	266.5	2.3
食用面包、吐司	126.6	2.7
点心面包、酥皮果子饼	45.9	-0.3
饭团	44.5	-2.8
拉面	35.4	4.5
意大利面	28.0	-0.6
咖喱饭	27.8	-1.7
热乌冬面	26.0	6.3
其他面包	23.9	-0.4
三明治	22.6	-0.7
拌饭	22.5	-2.3
黄油蛋糕	17.3	1.5
年糕	13.6	3.4
酱汁炒面	13.3	-1.1
炒饭	12.8	0.4
小麦、胚芽饭	12.8	1.0
其他谷类	12.1	-1.6
市售的夹心面包	11.5	-1.9
海苔寿司	11.1	6.2
什锦饭	8.9	-1.6

■主菜

菜单分类	TI 值	年差值
煎蛋、厚煎蛋	34.5	0.1
炒蔬菜	24.2	-1.9
火锅	24.2	10.4
凉拌蔬菜	21.3	4.3
炸鸡	19.9	0.6
嫩煎香肠、油煎香肠	17.8	-3.6
荷包蛋	17.2	-0.1
炸牛肉薯饼	15.1	0.6
生鱼片、生贝	13.8	-3.0
盐烤鲑鱼	11.7	-1.1
汉堡肉	11.7	0.0
煎饺	11.7	-0.1
关东煮	11.6	4.9
煮鸡蛋、温泉蛋	10.7	-0.5
盐烤香鱼	9.7	-1.6
芝麻拌菜、芝麻豆酱拌菜	9.3	1.3
烤鱼干	9.0	0.9
烧卖	8.4	-0.1
冷豆腐	8.4	-10.9
奶油浓汤	8.2	2.8

出自 Lifescape Marketing 公司提供的"饮食 MAP"数据。"TI 值"是 Table Index 的省略，指平均 1000 个餐桌的菜单、材料、商品的出现次数。"年差值"表示与年平均之差。

3 月

■主食

菜单分类	TI 值	年差值
米饭	268.1	3.9
食用面包、吐司	132.8	8.8
点心面包、酥皮果子饼	47.1	0.9
饭团	45.2	−2.1
拉面	33.8	2.9
咖喱饭	30.1	0.7
意大利面	29.8	1.2
三明治	24.4	1.1
拌饭	24.3	−0.5
其他面包	22.7	−1.6
热乌冬面	22.3	2.6
黄油蛋糕	16.4	0.7
酱汁炒面	15.4	1.0
其他谷类	13.0	−0.7
小麦、胚芽饭	12.6	0.8
市售的夹心面包	12.3	−1.1
炒饭	12.1	−0.3
什锦饭	11.3	0.7
年糕	9.8	−0.4
玉米片	8.5	−0.8

■主菜

菜单分类	TI 值	年差值
煎蛋、厚煎蛋	33.4	−1.1
炒蔬菜	27.4	1.3
凉拌蔬菜	23.4	6.3
嫩煎香肠、油煎香肠	20.4	−1.1
炸鸡	19.2	−0.1
荷包蛋	17.6	0.3
生鱼片、生贝	17.2	0.5
盐烤鲑鱼	15.0	2.2
炸牛肉薯饼	14.4	−0.1
冷豆腐	13.5	−5.8
火锅	13.5	−0.3
煎饺	12.4	0.7
煮鸡蛋、温泉蛋	11.6	0.4
汉堡肉	11.5	−0.2
芝麻拌菜、芝麻酱拌菜	9.8	1.8
炖南瓜、蒸南瓜	9.6	0.5
烤鱼干	9.6	1.5
煎鸡蛋卷	9.3	1.5
盐烤香鱼	9.1	−2.2
猪肉生姜烧	8.2	0.1

4 月

■主食

菜单分类	TI 值	年差值
米饭	271.4	7.2
食用面包、吐司	130.4	6.4
饭团	49.2	1.8
点心面包、酥皮果子饼	48.2	2.0
拉面	32.3	1.5
意大利面	31.1	2.5
咖喱饭	29.4	0.0
拌饭	26.2	1.4
其他面包	25.7	1.4
三明治	25.4	2.1
热乌冬面	20.4	0.8
什锦饭	17.5	6.9
其他谷类	16.8	3.1
黄油蛋糕	16.1	0.4
酱汁炒面	15.6	1.2
市售的夹心面包	14.1	0.7
小麦、胚芽饭	12.7	0.9
炒饭	11.9	−0.5
玉米片	9.9	0.5
甜甜圈	7.8	0.9

■主菜

菜单分类	TI 值	年差值
煎蛋、厚煎蛋	38.6	4.2
炒蔬菜	27.5	1.4
嫩煎香肠、油煎香肠	22.8	1.4
炸鸡	21.7	2.4
凉拌蔬菜	19.5	2.4
荷包蛋	17.5	0.3
生鱼片、生贝	17.5	0.8
冷豆腐	16.7	−2.6
炸牛肉薯饼	16.2	1.6
盐烤鲑鱼	14.0	1.1
汉堡肉	13.0	1.4
煎饺	12.0	0.3
煮鸡蛋、温泉蛋	11.5	0.2
炖南瓜、蒸南瓜	9.5	0.3
盐烤香鱼	9.4	−1.9
烧卖	9.3	0.8
烤肉、铁板烧	9.2	1.2
猪肉生姜烧	8.5	0.5
煎鸡蛋卷	8.5	0.7
和风笋	8.2	6.8

5 月

■主食

菜单分类	TI 值	年差值
米饭	259.0	-5.2
食用面包、吐司	127.0	3.0
饭团	52.4	5.0
点心面包、酥皮果子饼	48.8	2.6
咖喱饭	30.7	1.2
意大利面	29.7	1.1
拉面	28.3	-2.5
其他面包	25.7	1.4
拌饭	25.3	0.4
三明治	24.6	1.3
黄油蛋糕	17.9	2.1
其他谷类	15.8	2.1
酱汁炒面	14.9	0.5
市售的夹心面包	13.8	0.4
热乌冬面	13.7	-6.0
炒饭	12.0	-0.3
玉米片	11.8	2.4
小麦、胚芽饭	11.5	-0.3
什锦饭	10.7	0.1
素面、凉面	10.0	3.4

■主菜

菜单分类	TI 值	年差值
煎蛋、厚煎蛋	36.2	1.8
凉豆腐	29.0	9.7
炒蔬菜	28.6	2.5
嫩煎香肠、油煎香肠	23.0	1.5
炸鸡	20.7	1.4
生鱼片、生贝	19.7	2.9
荷包蛋	18.3	1.0
凉拌蔬菜	16.8	-0.3
炸牛肉薯饼	14.9	0.3
盐烤鲑鱼	12.9	0.0
煎饺	11.8	0.1
汉堡肉	11.6	-0.1
煮鸡蛋、温泉蛋	10.9	-0.4
烤肉、铁板烧	10.8	2.8
烤鱼干	9.2	1.0
盐烤香鱼	9.0	-2.3
芝麻拌菜、芝麻豆酱拌菜	9.0	1.0
煎鸡蛋卷	8.7	0.9
烧卖	8.6	0.1
猪肉生姜烧	7.9	-0.1

6 月

■主食

菜单分类	TI 值	年差值
米饭	276.7	12.5
食用面包、吐司	124.9	1.0
点心面包、酥皮果子饼	48.8	2.6
饭团	47.7	0.3
咖喱饭	31.1	1.6
拌饭	28.9	4.1
意大利面	26.8	-1.8
拉面	24.9	-5.9
三明治	23.5	0.2
其他面包	23.4	-0.9
其他谷类	17.1	3.4
黄油蛋糕	14.8	-0.9
酱汁炒面	14.6	0.2
市售的夹心面包	13.8	0.4
炒饭	12.4	0.1
小麦、胚芽饭	12.1	0.3
玉米片	11.5	2.1
素面、凉面	11.1	4.5
热乌冬面	10.7	-8.9
凉乌冬面	8.9	3.8

■主菜

菜单分类	TI 值	年差值
煎蛋、厚煎蛋	39.6	5.1
炒蔬菜	30.5	4.4
凉豆腐	30.5	11.2
嫩煎香肠、油煎香肠	24.1	2.6
炸鸡	20.5	1.2
生鱼片、生贝	18.9	2.2
荷包蛋	17.6	0.3
炸牛肉薯饼	16.3	1.7
凉拌蔬菜	15.6	-1.5
盐烤鲑鱼	14.3	1.4
煎饺	12.2	0.5
煮鸡蛋、温泉蛋	11.9	0.7
汉堡肉	11.4	-0.3
烧卖	10.7	2.2
盐烤香鱼	10.2	-1.1
蒸玉米	9.9	6.2
烤肉、铁板烧	9.5	1.5
炖南瓜、蒸南瓜	9.0	-0.2
芝麻拌菜、芝麻豆酱拌菜	8.8	0.8
猪肉生姜烧	8.5	0.5

7 月

■主食

菜单分类	TI 值	年差值
米饭	254.8	−9.4
食用面包、吐司	120.7	−3.3
饭团	51.3	3.9
点心面包、酥皮果子饼	45.8	−0.4
咖喱饭	31.5	2.0
意大利面	29.6	1.0
拌饭	26.0	1.2
三明治	25.4	2.1
拉面	23.9	−7.0
其他面包	23.2	−1.1
素面、凉面	21.0	14.4
其他谷类	17.4	3.7
黄油蛋糕	15.5	−0.2
酱汁炒面	14.1	−0.3
市售的夹心面包	13.4	0.0
玉米片	12.9	3.5
凉乌冬面	12.4	7.3
炒饭	12.3	0.0
小麦、胚芽饭	11.0	−0.8
热乌冬面	9.8	−9.9

■主菜

菜单分类	TI 值	年差值
凉豆腐	35.1	15.8
煎蛋、厚煎蛋	31.8	−2.6
炒蔬菜	28.1	2.0
嫩煎香肠、油煎香肠	21.0	−0.5
炸鸡	18.4	−0.9
生鱼片、生贝	18.0	1.2
荷包蛋	17.9	0.7
蒸玉米	14.6	10.9
炸牛肉薯饼	13.0	−1.6
凉拌蔬菜	12.7	−4.3
煎饺	12.1	0.3
汉堡肉	12.0	0.3
煮鸡蛋、温泉蛋	11.9	0.6
盐烤鲑鱼	11.8	−1.1
炖南瓜、蒸南瓜	9.6	0.5
盐烤香鱼	8.8	−2.5
煮香肠	8.6	0.8
烤肉、铁板烧	8.4	0.4
烧卖	8.1	−0.4
天妇罗	8.0	1.3

8 月

■主食

菜单分类	TI 值	年差值
米饭	252.4	−11.8
食用面包、吐司	114.7	−9.3
饭团	47.9	0.5
点心面包、酥皮果子饼	45.2	−1.0
咖喱饭	34.4	4.9
意大利面	28.1	−0.5
拉面	26.9	−3.9
三明治	24.5	1.2
其他面包	22.4	−1.9
拌饭	21.3	−3.5
素面、凉面	20.7	14.1
酱汁炒面	16.9	2.5
其他谷类	16.4	2.7
黄油蛋糕	16.1	0.4
炒饭	16.0	3.6
市售的夹心面包	15.0	1.6
热乌冬面	12.6	−7.0
凉乌冬面	11.5	6.4
玉米片	11.1	1.7
小麦、胚芽饭	10.8	−1.0

■主菜

菜单分类	TI 值	年差值
凉豆腐	35.2	15.9
炒蔬菜	29.3	3.2
煎蛋、厚煎蛋	26.4	−8.0
生鱼片、生贝	19.2	2.4
炸鸡	17.9	−1.4
荷包蛋	17.9	0.6
嫩煎香肠、油煎香肠	16.9	−4.6
凉拌蔬菜	13.5	−3.6
盐烤鲑鱼	12.5	−0.4
煮鸡蛋、温泉蛋	11.9	0.7
煎饺	11.9	0.1
炸牛肉薯饼	11.6	−2.9
炖南瓜、蒸南瓜	11.3	2.1
盐烤香鱼	11.3	0.0
蒸玉米	10.4	6.8
汉堡肉	10.0	−1.6
天妇罗	8.3	1.6
烤鱼干	8.1	−0.1
猪肉生姜烧	8.1	0.1
烤肉、铁板烧	7.7	−0.3

9 月

■主食

菜单分类	TI 值	年差值
米饭	273.5	9.3
食用面包、吐司	121.9	−2.0
饭团	49.6	2.3
点心面包、酥皮果子饼	48.4	2.2
拉面	29.4	−1.4
意大利面	28.4	−0.2
拌饭	27.9	3.1
咖喱饭	27.4	−2.0
其他面包	26.3	2.0
三明治	22.8	−0.5
热乌冬面	15.9	−3.7
酱汁炒面	15.9	1.5
黄油蛋糕	15.4	−0.3
什锦饭	14.6	4.0
其他谷类	14.5	0.7
市售的夹心面包	13.5	0.1
小麦、胚芽饭	12.1	0.2
炒饭	11.4	−0.9
玉米片	9.5	0.1
素面、凉面	8.0	1.4

■主菜

菜单分类	TI 值	年差值
煎蛋、厚煎蛋	36.0	1.5
炒蔬菜	26.1	0.0
凉豆腐	24.9	5.7
嫩煎香肠、油煎香肠	23.7	2.2
盐烤香鱼	20.1	8.8
炸鸡	18.8	−0.5
生鱼片、生贝	17.8	1.1
荷包蛋	17.2	0.0
炸牛肉薯饼	15.1	0.6
凉拌蔬菜	13.4	−3.7
汉堡肉	12.8	1.1
盐烤鲑鱼	12.0	−0.9
煎饺	11.6	−0.1
炖南瓜、蒸南瓜	11.3	2.1
煮鸡蛋、温泉蛋	10.9	−0.3
天妇罗	8.5	1.8
猪肉生姜烧	8.4	0.4
烧卖	8.0	−0.5
煎鸡蛋卷	7.9	0.1
烤鱼干	7.8	−0.4

10 月

■主食

菜单分类	TI 值	年差值
米饭	278.5	14.4
食用面包、吐司	123.4	−0.6
饭团	49.2	1.8
点心面包、酥皮果子饼	45.4	−0.8
拉面	31.2	0.3
意大利面	28.6	0.0
咖喱饭	28.3	−1.2
拌饭	26.7	1.9
其他面包	26.1	1.8
三明治	22.0	−1.3
热乌冬面	20.2	0.6
黄油蛋糕	17.8	2.0
什锦饭	15.2	4.6
市售的夹心面包	15.0	1.6
酱汁炒面	13.9	−0.5
其他谷类	12.5	−1.2
炒饭	12.5	0.1
小麦、胚芽饭	12.1	0.3
玉米片	9.9	0.5
羊角面包	7.7	1.1

■主菜

菜单分类	TI 值	年差值
煎蛋、厚煎蛋	38.8	4.3
炒蔬菜	23.9	−2.2
嫩煎香肠、油煎香肠	23.7	2.2
炸鸡	21.0	1.6
凉拌蔬菜	19.2	2.2
盐烤香鱼	17.9	6.6
火锅	17.7	3.9
荷包蛋	16.5	−0.7
生鱼片、生贝	16.1	−0.6
炸牛肉薯饼	15.8	1.2
凉豆腐	15.3	−4.0
汉堡肉	13.4	1.7
炖南瓜、蒸南瓜	12.4	3.2
关东煮	12.2	5.5
盐烤鲑鱼	12.1	−0.8
煎饺	11.6	−0.1
煮鸡蛋、温泉蛋	11.1	−0.2
烧卖	10.4	1.9
煮香肠	8.4	0.6
烤肉、铁板烧	8.3	0.3

11 月

■主食

菜单分类	TI 值	年差值
米饭	259.5	−4.7
食用面包、吐司	124.5	0.5
饭团	46.4	−1.0
点心面包、酥皮果子饼	44.6	−1.6
拉面	34.9	4.0
意大利面	29.1	0.5
咖喱饭	27.5	−2.0
热乌冬面	26.8	7.1
其他面包	24.9	0.6
拌饭	24.5	−0.3
三明治	22.1	−1.2
黄油蛋糕	14.7	−1.0
市售的夹心面包	14.2	0.8
酱汁炒面	13.4	−1.0
小麦、胚芽饭	12.2	0.4
炒饭	11.3	−1.0
其他谷类	9.5	−4.2
什锦饭	9.3	−1.3
肉包子	8.8	4.2
比萨	8.7	1.7

■主菜

菜单分类	TI 值	年差值
煎蛋、厚煎蛋	33.2	−1.3
火锅	27.5	13.7
炒蔬菜	23.8	−2.2
嫩煎香肠、油煎香肠	23.5	2.0
炸鸡	18.4	−0.9
凉拌蔬菜	17.4	0.3
荷包蛋	16.2	−1.1
炸牛肉薯饼	14.6	0.1
生鱼片、生贝	13.3	−3.4
盐烤香鱼	13.3	2.0
关东煮	13.1	6.4
煮鸡蛋、温泉蛋	12.3	1.0
煎饺	11.9	0.1
汉堡肉	11.3	−0.4
盐烤鲑鱼	10.7	−2.1
凉豆腐	9.8	−9.5
炖南瓜、蒸南瓜	9.0	−0.1
炖萝卜、蒸萝卜	8.4	3.4
芝麻拌菜、芝麻豆酱拌菜	8.3	0.3
烧卖	8.2	−0.3

12 月

■主食

菜单分类	TI 值	年差值
米饭	255.4	−8.8
食用面包、吐司	123.1	−0.9
饭团	43.6	−3.8
点心面包、酥皮果子饼	43.3	−2.9
拉面	35.7	4.9
热乌冬面	29.5	9.8
意大利面	27.6	−1.0
咖喱饭	27.1	−2.4
其他面包	25.4	1.1
拌饭	22.5	−2.3
三明治	21.5	−1.8
年糕	14.4	4.2
酱汁炒面	13.1	−1.3
黄油蛋糕	12.7	−3.1
炒饭	12.4	0.1
市售的夹心面包	12.1	−1.4
热荞麦面	11.9	6.2
小麦、胚芽饭	11.1	−0.8
比萨	10.1	3.0
其他谷类	9.6	−4.1

■主菜

菜单分类	TI 值	年差值
煎蛋、厚煎蛋	30.9	−3.5
火锅	29.9	16.1
炒蔬菜	22.4	−3.7
嫩煎香肠、油煎香肠	21.0	−0.5
炸鸡	17.1	−2.2
荷包蛋	17.1	−1.4
凉拌蔬菜	15.6	−1.4
生鱼片、生贝	13.9	−2.8
炸牛肉薯饼	13.2	−1.3
关东煮	12.9	6.2
盐烤鲑鱼	12.4	−0.5
煮鸡蛋、温泉蛋	10.6	−0.6
煎饺	10.4	−1.3
汉堡肉	9.9	−1.8
火腿	9.2	1.6
盐烤香鱼	9.0	−2.3
炖南瓜、蒸南瓜	8.7	−0.5
炖萝卜、蒸萝卜	8.3	3.3
奶油浓汤	8.2	2.8
凉豆腐	8.1	−11.2

第 9 章　对课长工作有帮助的数据集 **283**

译后感

本书从管理者的工作入手，站在管理者的视角，以富有层次与逻辑的结构，让读者了解到如何管理好一个卖场、保证利润、确保工时、降低损失率、提高员工工作效率，以及如何将市场需求准确地反映在商品上和卖场中。

用数字说话是本书的最大特点。无论是商品的采购、入库、销售，还是安排人员、摆放货架、制订计划，都是在数据的支持下运营的。超市运营管理的稳定性增强、损失减少时，除固定成本外的风险成本会降低，这就变相地提高了超市的利润。为此，作者在本书中结合可能出现的情况，通过数据分析让朴实无华的数据成为超市运营的制胜法宝。

本书还介绍了员工的管理与培养工作。和日本一样，我国也正逐步步入老龄化社会，将要面对劳动力短缺这种严重的局面。因此提升员工素质、激发员工潜力绝对是一项必要投资，还要加强对兼职员工的培养，以面对人才储备少、流失严重等问题。

本书站在管理者的立场上，介绍了超市如何从"计划"到"销售"、如何培养人才、如何进行数据分析、如何实践经营与管理等方面的内容，不仅为我们展示了数据分析的重要性，还为我们提供了解决问题的思考方式。希望本书能为我国的超市管理者及相关人员提供参考，帮助提升我国零售行业管理、服务水平。

河南城建学院　柳小花

作者简介

【日】 石川和夫

ARK 咨询事务所董事长。曾担任 7-ELEVEn 日本地区的 OFC，2001 年起担任人才培养咨询顾问、中小企业咨询师、HRD 公司认定的 DiSC 讲师。著有《店长现场工作指导书》（商业界）《激发员工干劲的法则》（商业界）等。

【日】 奥田则明

奥田 Fresh Food 研究所董事长，曾担任大荣公司的采购、商品规划等职务，1984 年进入 Fresh Food 研究所工作，1991 年就任董事长。2010 年成立奥田 Fresh Food 研究所。其参与创作的《生鲜超市工作手册水产篇》已由东方出版社出版。

【日】 木村博

木村市场＆经营管理研究所董事长，曾担任日本能率协会咨询顾问与管理者顾问，2005 年成立木村市场＆经营管理研究所，致力于现场改善、店长与采购员教育、CS 经营咨询、计划经营咨询等。著有《解决问题的思维方式》（商业界）《店长培训》（商业界）。

【日】 佐佐木信幸

佐佐木经营管理研究所董事长，曾担任大荣公司研修中心所长、CGC 日本专务董事，1993 年成立佐佐木经营管理研究所，在大荣公司与 CGC 公司有约 20 年的店长研修等指导经验，目前致力于超市、消费合作社等的经营指导。

【日】白部和孝

零售调查系统研究所董事长，曾担任超市的信息系统负责人、店长等职务，1989 年成立零售调查系统研究所，致力于业务改善、信息系统的构建等方面的指导。著有《记录并掌握卖场数据的能力》（商业界）《卖场数据运用法》（商业界）等。

【日】铃木国朗

Aidas 集团董事长，曾就职于超市，1984 年成立 Aidas 集团，为超市与食品厂商销售促进提供咨询。著有《饮食生活规划师》（商业界）《陈列技术入门》（商业界）《畅销陈列教科书》（商业界）等。

【日】细川良范

Food Support 公司董事长，曾担任大荣公司商品采购员，1982 年进入 Fresh Food 研究所工作，面向超市和供应商，开展水产部门的咨询工作。2007 年成立 Food Support。著有《水产部门工作教科书》（商业界）等。

"服务的细节" 系列

《卖得好的陈列》：日本"卖场设计第一人"永岛幸夫
定价：26.00元

《为何顾客会在店里生气》：家电卖场销售人员必读
定价：26.00元

《完全餐饮店》：一本旨在长期适用的餐饮店经营实务书
定价：32.00元

《完全商品陈列115例》：畅销的陈列就是将消费心理可视化
定价：30.00元

《让顾客爱上店铺1——东急手创馆》：零售业的非一般热销秘诀
定价：29.00元

《如何让顾客的不满产生利润》：重印25次之多的服务学经典著作
定价：29.00元

《新川服务圣经——餐饮店员工必学的52条待客之道》：日本"服务之神"新川义弘亲授服务论
定价：23.00元

《让顾客爱上店铺2——三宅一生》：日本最著名奢侈品品牌、时尚设计与商业活动完美平衡的典范
定价：28.00元

《摸过顾客的脚才能卖对鞋》：你所不知道的服务技巧，鞋子卖场销售的第一本书
定价：22.00 元

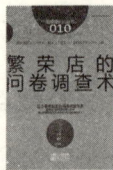

《繁荣店的问卷调查术》：成就服务业旺铺的问卷调查术
定价：26.00 元

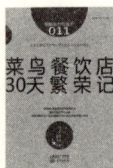

《菜鸟餐饮店 30 天繁荣记》：帮助无数经营不善的店铺起死回生的日本餐饮第一顾问
定价：28.00 元

《最勾引顾客的招牌》：成功的招牌是最好的营销，好招牌分分钟替你召顾客！
定价：36.00 元

《会切西红柿，就能做餐饮》：没有比餐饮更好做的卖卖！ 饭店经营的"用户体验学"。
定价：28.00 元

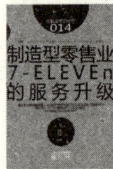

《制造型零售业——7-ELEVEn 的服务升级》：看日本人如何将美国人经营破产的便利店打造为全球连锁便利店 NO.1！
定价：38.00 元

《店铺防盗》：7 大步骤消灭外盗，11 种方法杜绝内盗，最强大店铺防盗书！
定价：28.00 元

《中小企业自媒体集客术》：教你玩转拉动型销售的 7 大自媒体集客工具，让顾客主动找上门！
定价：36.00 元

《敢挑选顾客的店铺才能赚钱》：日本店铺招牌设计第一人亲授打造各行业旺铺的真实成功案例
定价：32.00 元

《餐饮店投诉应对术》：日本 23 家顶级餐饮集团投诉应对标准手册，迄今为止最全面最权威最专业的餐饮业投诉应对书。
定价：28.00 元

《大数据时代的社区小店》：大数据的小店实践先驱者、海尔电器的日本教练传授小店经营的数据之道
定价：28.00 元

《线下体验店》：日本 "体验式销售法"第一人教你如何赋予 O2O 最完美的着地！
定价：32.00 元

《医患纠纷解决术》：日本医疗服务第一指导书，医院管理层、医疗一线人员必读书！ 医护专业入职必备！
定价：38.00 元

《迪士尼店长心法》：让迪士尼主题乐园里的餐饮店、零售店、酒店的服务成为公认第一的，不是硬件设施，而是店长的思维方式。
定价：28.00 元

《女装经营圣经》：上市一周就登上日本亚马逊畅销榜的女装成功经营学，中文版本终于面世！
定价：36.00 元

《医师接诊艺术》：2 秒速读患者表情，快速建立新赖关系！ 日本国宝级医生日野原重明先生重磅推荐！
定价：36.00 元

《超人气餐饮店促销大全》：图解型最完全实战型促销书，200 个历经检验的餐饮店促销成功案例，全方位深挖能让顾客进店的每一个突破点！
定价：46.80 元

《服务的初心》：服务的对象十人百样，服务的方式千变万化，唯有，初心不改！
定价：39.80 元

《最强导购成交术》：解决导购员最头疼的55个问题，快速提升成交率！
定价：36.00元

《帝国酒店——恰到好处的服务》：日本第一国宾馆的5秒钟魅力神话，据说每一位客人都想再来一次！
定价：33.00元

《餐饮店长如何带队伍》：解决餐饮店长头疼的问题——员工力！ 让团队帮你去赚钱！
定价：36.00元

《漫画餐饮店经营》：老板、店长、厨师必须直面的25个营业额下降、顾客流失的场景
定价：36.00元

《店铺服务体验师报告》：揭发你习以为常的待客漏洞　深挖你见怪不怪的服务死角　50个客户极致体验法则
定价：38.00元

《餐饮店超低风险运营策略》：致餐饮业有志创业者＆计划扩大规模的经营者＆与低迷经营苦战的管理者的最强支援书
定价：42.00元

《零售现场力》：全世界销售额第一名的三越伊势丹董事长经营思想之集大成，不仅仅是零售业，对整个服务业来说，现场力都是第一要素。
定价：38.00 元

《别人家的店为什么卖得好》：畅销商品、人气旺铺的销售秘密到底在哪里？ 到底应该怎么学？ 人人都能玩得转的超简明 MBA
定价：38.00 元

《顶级销售员做单训练》：世界超级销售员亲述做单心得，亲手培养出数千名优秀销售员！ 日文原版自出版后每月加印 3 次，销售人员做单必备。
定价：38.00 元

《店长手绘 POP 引流术》：专治"顾客门前走，就是不进门"，让你顾客盈门、营业额不断上涨的 POP 引流术！
定价：39.80 元

《不懂大数据，怎么做餐饮？》：餐饮店倒闭的最大原因就是"讨厌数据的糊涂账"经营模式。
定价：38.00 元

《零售店长就该这么干》：电商时代的实体店长自我变革。
定价：38.00 元

《生鲜超市工作手册蔬果篇》：海量
图解日本生鲜超市先进管理技能
定价：38.00元

《生鲜超市工作手册肉禽篇》：海量
图解日本生鲜超市先进管理技能
定价：38.00元

《生鲜超市工作手册水产篇》：海量
图解日本生鲜超市先进管理技能
定价：38.00元

《生鲜超市工作手册日配篇》：海量
图解日本生鲜超市先进管理技能
定价：38.00元

《生鲜超市工作手册副食调料篇》：
海量图解日本生鲜超市先进管理技能
定价：48.00元

《生鲜超市工作手册POP篇》：海量
图解日本生鲜超市先进管理技能
定价：38.00元

《日本新干线7分钟清扫奇迹》：我们
的商品不是清扫，而是"旅途的回忆"
定价：39.80元

《像顾客一样思考》：不懂你，又怎
样搞定你？
定价：38.00元

《好服务是设计出来的》：设计，是
对服务的思考
定价：38.00元

《让头回客成为回头客》：回头客才
是企业持续盈利的基石
定价：38.00元

《餐饮连锁这样做》：日本餐饮连锁
店经营指导第一人
定价：39.00元

《养老院长的12堂管理辅导课》：
90%的养老院长管理烦恼在这里都能
找到答案
定价：39.80元

《大数据时代的医疗革命》：不放过
每一个数据，不轻视每一个偶然
定价：38.00元

《如何战胜竞争店》：在众多同类型
店铺中脱颖而出
定价：38.00元

《这样打造一流卖场》：能让顾客快
乐购物的才是一流卖场
定价：38.00元

《店长促销烦恼急救箱》：经营者、
店长、店员都必读的"经营学问书"
定价：38.00元

《餐饮店爆品打造与集客法则》：迅速提高营业额的"五感菜品"与"集客步骤"

定价：58.00 元

《赚钱美发店的经营学问》：一本书全方位掌握一流美发店经营知识

定价：52.00 元

《新零售全渠道战略》：让顾客认识到"这家店真好，可以随时随地下单、取货"

定价：48.00 元

《良医有道：成为好医生的 100 个指路牌》：做医生，走经由"救治和帮助别人而使自己圆满"的道路

定价：58.00 元

《口腔诊所经营 88 法则》：引领数百家口腔诊所走向成功的日本口腔经营之神的策略

定价：45.00 元

《来自 2 万名店长的餐饮投诉应对术》：如何搞定世界上最挑剔的顾客

定价：48.00 元

《超市经营数据分析、管理指南》：来自日本的超市精细化管理实操读本

定价：60.00 元

《超市管理者现场工作指南》：来自日本的超市精细化管理实操读本

定价：60.00 元

《超市投诉现场应对指南》： 来自日
本的超市精细化管理实操读本
定价： 60.00元

更多本系列精品图书，敬请期待！